# Enjoy these Great Titles and More By Puzzle Favorites!

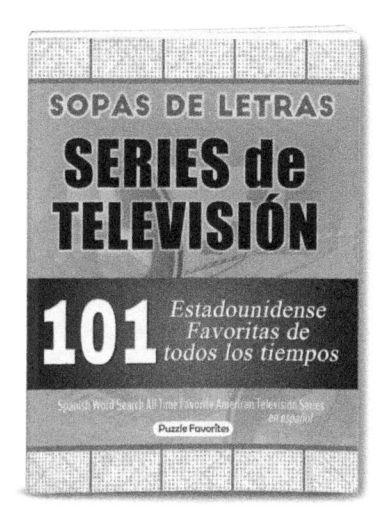

ISBN: 978-1947676428
Amazon: 1947676423

ISBN: 978-1-947676-40-4
Amazon: 1947676407

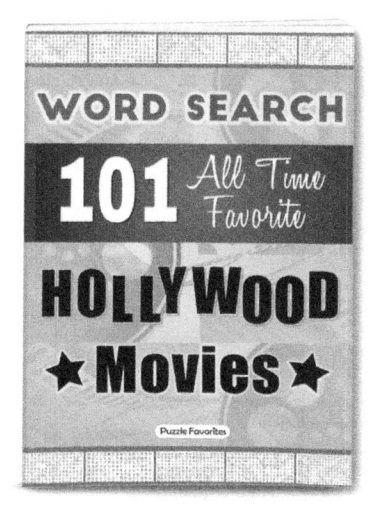

ISBN: 978-1981681792
Amazon: 1981681795

ISBN: 978-1947676411
Amazon: 1947676415

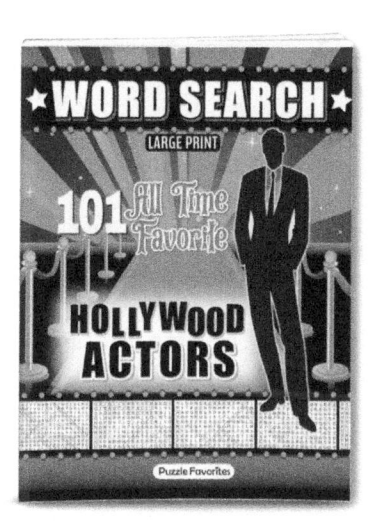

ISBN: 978-1-947676-37-4
Amazon: 1947676377

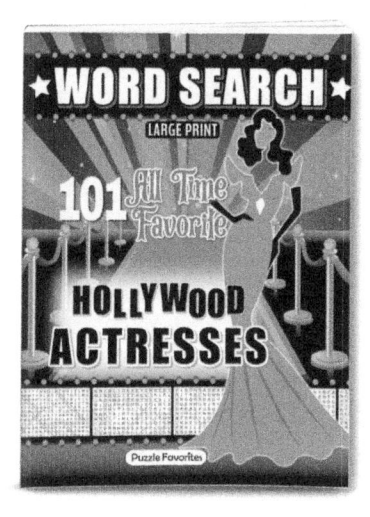

ISBN: 978-1947676312
Amazon: 1947676318

## Puzzle Favorites
www.PuzzleFavorites.com

- MIMOS
- DERIVACIÓN
- NAMIBIA
- TRACTOR
- BATA
- POLCA
- CALCULADORA
- DOMADOR
- CAPITALISMO
- BATIDORA
- RECTA
- MAYAS
- ORTOEDRO
- POLIARQUIÍA
- CLAVOS
- ESCARPINES

**#1**

```
C T O O À S P È Ç L G B X D B Ç
A É T R Ü B A T I D O R A E C S
L Í È H T N E R A I Y T R R A Ö
C Í G À A O A A Z Ñ A W È I P Ü
U T K Ú T X E M Î B Q Ï Ú V I N
L R D S Ú R W D I I I J Ñ A T E
A A W W Ç E E P R B O C E C A S
D C L Ç Á C A O O O I P I I L C
O T Ï À Ó T D È O L N A Ç Ó I A
R O À Ö D A E Í L P C Ï L N S R
A R X G M P M I M O S A É O M P
F À H O T B W B L A F E V I O I
L R D Á F T G J Ï Ï Y A R N M N
X A O À A L Í G S Ý L A Ü B N E
V L Y J E Ç Ç D T C L É S Ó P S
N J X Z Ó P O L I A R Q U Í A P
```

- IMPERSONAL
- BANCO ENFERMO
- CHIMENEA
- CORONA
- LIMPIO
- SALUD
- ASPIRADORA
- BABOSAS
- CEREBRO
- ALGO
- LIGERO
- PUENTE
- AMILINA
- SEMILLAS
- RELIGIÓN

**#2**

```
Ç V Q E Ú R E L I G I Ó N R E B
B X A W Ý A G Á Á C Í G O Ó Í M
H H S L Ü M Á N È Z Ü V G D Ú Ñ
Ó Á P R J I L P U E N T E Q Ö E
È I I S K L I Y L I M P I O Ý B
D M R O Q I G O Ï S E È Ç D M A
W P A V Ö N E A C U A Ý È É Ö N
U E D W L A R C Ó Q Ý L Ï Ý W C
B R O M P P O G O X Ñ À U N K O
U S R Í O B Ï É E R Á H À D C E
Á O A G V P K V C Ú Ó Ó Y Î E N
P N L X J U Q È O G G N E J R F
A A C H I M E N E A X É A È E E
U L B A B O S A S D Q U Í Ï B R
U Q Ï H Ú É N F Í Ç N È Á F R M
X M F P È P S E M I L L A S O O
```

# #3

- [ ] CORPORACIÓN
- [ ] CARIES
- [ ] ALEGRÍA
- [ ] CRICKET
- [ ] PASADORES
- [ ] BOGOTÁ
- [ ] CANSECO
- [ ] PASTEL
- [ ] IGUANA
- [ ] CORRECTOR
- [ ] DEBUT
- [ ] MARTE
- [ ] CINE
- [ ] BIBLIA
- [ ] CAÍDA

```
À E K N H B F X Ï B W H A Ñ A X
Q H Ç Î Ó Á I Ó Ú À O A L P Ü A
X C O R R E C T O R È G F D C C
O Q À D U Ï Á S X Z X Í O N È O
N Ç U A B À M C R I C K E T P R
W I C A R I E S A Ú N B Ó Q Á P
Ü Q P D C Y Ú Í Ý Í C A Ñ Y A O
Ü A I A Ï P R Y T À A Á Ó É I R
C A T H S G A U Ñ Z Í S R M Ï A
A Ï R Ú E A B S P E D F Z P X C
N C Í L Y Ü D I T F A W G Ý X I
S I A Ý Ö G M O B E D E B U T Ó
E N X F U Ý À A R L L E F Ö C N
C E À O Ü Á X K R E I Î Î À È Ý
O D Z I G U A N A T S A Í L Ç Ç
I É Í S Ý D D H F Q E Á Í R Ñ T
```

# #4

- [ ] MOCROSCOPIO
- [ ] HÁBITAT
- [ ] CORTISOL
- [ ] LA GALLINITA CIEGA
- [ ] VEGETACIÓN
- [ ] EPÍLOGO
- [ ] CHACAL
- [ ] HERBICIDA
- [ ] INDUSTRIA
- [ ] ADHARA
- [ ] CATCHER
- [ ] MODISTA
- [ ] VIAJAR
- [ ] CUADRADO
- [ ] ENDOGAMIA

```
F Ý S F Ü Q W O Á È Ç Ó C P I Ý
M Q C È H E N D O G A M I A T N
D O R A V E G E T A C I Ó N H M
Q D D Ó T W T É Ñ A L È H Á Z
A C P I P C Ó Á V D O Í G È C U
Á U F I S V H V H S Y C C I R Ü
H A Y I P T X E I H Á B I T A T
E D Ú È É Ö A T R A Á X D Ö W D
R R Ü T Ö R R È Ü C J I K H Ú V
B A Y Ç A O Ó W D Ö H A È Ö Y L
I D W H C Ó Ú J Ñ N À A R B A U
C O D Ç S S X U T A P X C Ý I S
I A M O C R O S C O P I O A D V
D I N D U S T R I A B K B T L A
A N Ï E P Í L O G O Q X E Í Ó S
L A G A L L I N I T A C I E G A
```

- BOLSAS DE PLASTICO
- VENUS
- HONGOS
- MORTERO
- AJENUZ
- EQUIPOS
- LAGO
- MOLE
- CALLE
- PASTELES
- MATE
- NUTRIA
- BASANITA
- APÉNDICE
- CRÉDITO

**#5**

| Y | A | U | V | I | M | Q | P | I | Ñ | È | O | L | W | Á | B |
|---|---|---|---|---|---|---|---|---|---|---|---|---|---|---|---|
| V | Ó | P | H | À | D | O | L | A | R | N | Ý | B | Ö | J | O |
| Ü | R | S | É | M | F | Ñ | R | E | S | E | Ñ | R | Ï | Ç | L |
| E | N | Ó | Ý | N | V | H | N | T | L | T | Ö | Y | V | I | S |
| Ý | Q | U | A | X | D | À | D | L | E | A | E | Ö | V | Ñ | A |
| S | T | U | T | J | T | I | A | Ñ | T | R | È | L | W | Ñ | S |
| B | C | T | I | R | E | C | C | I | V | O | O | X | E | Á | D |
| Y | Z | R | X | P | I | N | N | E | G | Ï | W | E | Z | S | E |
| Ó | U | É | É | Ö | O | A | U | A | V | E | N | U | S | B | P |
| Z | P | T | Í | D | S | S | L | Z | N | È | B | E | S | Ç | L |
| J | H | V | E | A | I | M | P | A | À | Ö | S | W | E | Z | A |
| E | Z | J | B | A | R | T | A | O | Ç | O | J | Ó | E | Ö | S |
| G | Y | E | M | O | L | E | O | T | G | Á | R | T | Ü | G | T |
| Á | Í | M | K | S | T | È | Î | N | E | É | P | È | E | Ñ | I |
| N | Z | P | C | V | Ú | È | O | B | Ú | R | É | X | X | Ï | C |
| R | B | À | F | À | V | H | Î | Q | È | J | H | A | H | M | O |

- CEPILLO
- TIJERAS
- BOTÓN
- SANGRE
- VIAJE
- PLATANAR
- PIANO
- EL TORO
- AGENDA
- CAMINOS
- CHOTOCABRA
- LÁPIZ PASIVO
- GIROS
- TAPETE MOUSE
- CORDAL

**#6**

| W | Y | N | Z | B | L | À | J | G | I | R | O | S | O | Í | Ç |
|---|---|---|---|---|---|---|---|---|---|---|---|---|---|---|---|
| I | F | C | H | T | A | P | E | T | E | M | O | U | S | E | C |
| Ï | K | A | T | C | E | P | I | L | L | O | T | Ú | E | Ç | Á |
| I | C | M | G | Í | I | I | K | Y | É | O | O | W | D | È | A |
| S | Ï | I | P | E | Ó | J | Í | H | V | N | R | W | É | D | Z |
| L | P | N | D | B | À | É | É | I | A | A | Ç | Y | N | W | Ï |
| Z | C | O | R | D | A | L | S | I | N | T | Î | E | Y | O | Ï |
| Ï | L | S | Ý | I | D | A | P | A | V | È | G | È | I | L | R |
| U | D | Á | R | Ý | P | Y | T | S | I | A | B | O | T | Ó | N |
| X | Ó | T | L | Z | Ó | A | Z | A | A | H | Ï | É | M | V | F |
| J | B | É | I | V | L | D | R | N | J | J | A | Ý | I | I | J |
| C | Z | P | Á | P | T | K | É | G | E | Ñ | A | Z | Ç | Ü | C |
| M | Á | U | N | U | T | Y | Y | R | O | J | Ý | K | B | O | À |
| L | C | E | L | T | O | R | O | E | Á | C | I | È | Í | A | X |
| Ü | B | Y | Í | Ó | D | C | H | O | T | O | C | A | B | R | A |
| V | Í | O | L | Q | T | I | J | E | R | A | S | R | À | K | P |

## #7

- LEJOS
- CONFORME
- HUMANISMO
- CAMPING
- BENDICIÓN
- CORBATA
- CORROSIÓN
- PRESENTACIÓN
- KENIA
- BAHÍA
- ALBANIA
- PIMIENTO
- CRÓTALO
- SOLEADO
- LOS MOCHIS

```
Y B S R Á O V I É R Ó Ï L U E F
Ý E Í C O N F O R M E Ö T P J È
R N B A H Í A G I V H Í Ñ I Î Q
M D F Ñ Î Ý T R Í È Ñ N S M Y Ï
Z I É H U M A N I S M O R I L C
Ñ C S L B F C O R B A T A E L O
Ú I Ç R O P Î Ï K P S È Í N E R
Í Ó C Á Ñ S C E Ö E R Î É T J R
Ö N J A K K M R À S N K E O O O
Ú Ç À G M T F O Ó V O I Z É S S
L X K V Ï P Ó Í C T Ü L A A Q I
V J N M U È I Z T H A Ï E N R Ó
E H L W P Y Ö N Î T I L Q A J N
T Ï R T O K Y Ï G À Í S O P D È
Ç J A L B A N I A Î E G Z I Z O
Ö P P R E S E N T A C I Ó N I I
```

## #8

- CABOTAJE
- ÁREA
- SORPRESAS
- CORTO
- LEGUMBRES
- PÁJARO
- HABITAT
- MÁRMOL
- AMISTAD
- PLANCHA
- CÚMULO
- POLIFAGIA
- DOMINIO
- SALIDAS

```
R D J L Q Ñ Ú Q E Í D W F Z Ç V
M O S È N O X J Ú U Ç Ç K W O H
Ú M F O D À A V Q R N T E È È A
È I Î Y R T È L J À C Á G É Ó B
L N V L O P D T E S G O Z Z Y I
R I Ý B M P R D W G N C R Q P T
È O A G W Á L E Ó Ü U Ú Ñ T A A
N C Ó O M Y R A S S O M F Y O T
A K T G Z E F M N A J U B L F Ü
M Ç T P G L Ü Ü O C S L Î R E Í
I P S A L I D A S L H O K K E Z
S Z Á È Q Ö P O L I F A G I A S
T G É J Q Î Q P W Á Z C A Z N È
A Ç Ï F A B A Y J O R F R Y K U
D N V G Î R Í I C H O E J G Q Ú
Ú Ç R P N Ý O H T H A J A F Î Y
```

- [ ] FEMENINA
- [ ] CALEFACCIÓN
- [ ] TITULARES
- [ ] ESPAÑOL
- [ ] CEVICHE
- [ ] MÁS
- [ ] TECLADO
- [ ] JABÓN
- [ ] FÁBULA
- [ ] PAPEL
- [ ] FABRICACIÓN
- [ ] ABSOLUTA
- [ ] NEGRO
- [ ] PIE

**#9**

| S | Î | C | A | L | E | F | A | C | C | I | Ó | N | A | N | C |
|---|---|---|---|---|---|---|---|---|---|---|---|---|---|---|---|
| B | É | Q | P | Ï | E | E | É | W | Y | Q | O | Î | Ý | Y | M |
| D | X | F | V | Ï | H | S | C | N | Î | Í | Ö | Ç | S | J | M |
| T | A | Q | Î | C | U | Á | T | E | C | L | A | D | O | A | Z |
| W | W | Ï | I | F | A | B | R | I | C | A | C | I | Ó | N | B |
| F | Ü | V | F | E | M | E | N | I | N | A | L | L | Ñ | Ï | N |
| Ó | E | M | G | Ý | V | X | V | W | M | À | E | E | J | D | R |
| C | Ï | Á | Á | Ï | T | P | Ñ | D | E | X | N | G | A | N | A |
| V | Ü | S | Î | I | M | É | I | S | U | S | V | Q | B | E | P |
| Ï | O | V | P | A | P | E | L | Ü | V | F | P | À | Ó | G | C |
| L | J | Y | E | A | Q | Ç | G | Ú | Z | Á | A | A | N | R | X |
| Ñ | È | M | Ö | E | G | V | X | O | W | B | V | Y | Ñ | O | Ý |
| E | F | M | I | Ñ | D | G | T | X | J | U | X | Ñ | Q | O | Ó |
| K | Á | P | N | É | T | Ñ | À | U | Ö | L | Í | Í | N | À | L |
| A | A | B | S | O | L | U | T | A | I | A | S | Í | F | Ö | P |
| I | L | T | I | T | U | L | A | R | E | S | R | Ñ | X | Ü | Ú |

- [ ] PLAZAS
- [ ] ATENAS
- [ ] LIBRETA
- [ ] AUTOR
- [ ] PRODUCTO
- [ ] ARPA
- [ ] HALLIGAN
- [ ] ACTUACIÓN
- [ ] SÓCRATES
- [ ] JUEGOS DE MESA
- [ ] CALORÍA
- [ ] LÁPIZ
- [ ] AJUAR
- [ ] VENECIA
- [ ] MEDALLA

**#10**

| S | J | U | E | G | O | S | D | E | M | E | S | A | E | S | C |
|---|---|---|---|---|---|---|---|---|---|---|---|---|---|---|---|
| Q | T | P | P | Ó | S | N | Z | Î | Î | A | F | H | V | Ó | L |
| Á | Ç | À | Ö | U | Ñ | À | Î | Î | È | T | G | X | E | C | J |
| B | L | S | X | C | K | Z | Ï | P | Ú | E | R | Ç | N | R | Ç |
| Ý | È | C | A | L | O | R | Í | A | L | N | P | K | E | A | A |
| M | Î | W | Ü | X | Ï | Z | Ú | Z | Ç | A | À | Î | C | T | R |
| E | E | P | Y | E | S | V | I | Ñ | È | S | Z | Ö | I | E | P |
| D | Ü | E | R | G | H | P | Y | C | A | M | È | A | A | S | A |
| A | X | D | N | O | Á | A | B | Ç | H | J | L | H | S | Y | E |
| L | Y | À | K | L | D | S | L | Ñ | A | A | U | W | Ú | À | D |
| L | I | E | K | Í | Ñ | U | M | L | J | U | S | A | B | L | P |
| A | J | B | N | L | O | V | C | G | I | É | T | A | R | E | À |
| M | S | U | R | T | À | Y | Ç | T | P | G | Ó | O | W | M | E |
| O | Î | I | Z | E | C | Ñ | R | I | O | X | A | E | R | C | Ç |
| H | Ó | Ï | N | V | T | M | O | È | H | F | M | N | È | È | Y |
| O | E | R | L | L | P | A | C | T | U | A | C | I | Ó | N | T |

## #11

- COMERCIANTE
- ENSALADA
- SIERRA
- LANTÁNIDO
- EXTENSIVA
- ÍNDOLE
- RÍO
- MANGUERA
- ORACIÓN
- VALS
- VARÓN
- BAÑADOR
- BATIDOS
- EXPOSICIÓN
- POLVOS

```
B M A N G U E R A P L Ü I X Ï E
C L A N T Á N I D O Ç U I À S Ï
E P È G S V À Ñ T F Ú W Á Ó E
N C O G Ç Ï P A Ó Ñ Í Î Ó T L Z
S O M L W Ú Ú R J Ó Î V M O S A
A M K S V B S Ó J H C D D E C S
L E X I T O E N N M P N M L U I
A R K E Í T S B O Z Í G J Ö D B
D C M R Y B N Ú A R Ñ B Í Á É A
A I È R Z F Ü X V Ñ A Q Í K A T
X A U A Ó Á G L A R A C Ó Ó Z I
È N R G Q K Z Ï L M Í D I T I D
Ö T Z Ú H J À Á S L Ú O O Ó N O
R E X T E N S I V A D B O R N S
F M W J K Ú I Ý Ó A Í G C Á Ö Q
E X P O S I C I Ó N P Ñ Ó Y Ç J
```

## #12

- BUSCAPOLOS
- GABRIELA
- METAL
- PÚRPURA
- ESTRATO
- ILEON
- CUELLO
- DAVID
- AUTOCONTROL
- LAUREL
- ENCHILADAS
- ARTEMISA
- CAMISÓN
- PIOJOS
- PAPILLA

```
O Q V Ó H B U S C A P O L O S Ü
Ñ A Ñ A X F A R T E M I S A Á Ö
U I Z B Ó E L A U R E L Í Y K Í
I L P C N L É Ï Á I J Í Z Ó Ó M
J E A E A G A B R I E L A R È Ï
A O P N N M É Í V U D D A V I D
D N I Ý T C I S X Ï F Y Ñ Ý P M
V W L K J B H S Q V T Á Ó É H U
Ý M L Ñ Ö S Z I Ó O A Í U P Ö Q
Ú L A Y O Ç J E L N Î É Ñ Ú E A
Ó È V J É M L L S A L F G R B H
J S O J É Z E Ó Ó T D È C P Á Ï
C I I S É U À T Ú È R A R U Ñ H
P K Ü Á C N É G A D J A S R P Ï
K Y Á Ü Í L Í Ö B L Ö Ý T A Y È
D A U T O C O N T R O L N O Ö V
```

## #13

- ALDEHÍDO
- LA VOZ HUMANA
- ECONOMÍA
- TRÍCEPS
- CALZADA
- CLIMA
- ANTIGÜEDAD
- TORREÓN
- HELADO
- LAVABO
- FRASE
- EMEI
- BASILISCOS
- CAMPECHE
- GUADALAJARA

## #14

- HOJALDRE
- MOLECULAR
- AVIÓN
- OFERTA
- PUPITRE
- ESPECIAS
- BUFANDA
- YEYUNO
- FRENO
- ZUMO DE FRUTAS
- REFRESCO
- COSMOS
- DRAMA
- MOCASÍN
- ESCUADRA

- ASTRONOMÍA
- BACO
- FICHERO
- INTERLUDIO
- ADAPTADOR
- AMARGO
- CRUEL
- CHEF
- VELA
- MILHOJAS
- LIBRETA
- CONGELADOS
- LEER
- ORGULLO
- VESTIDO

## #15

```
È I N T E R L U D I O H L E É E
D I Ö Ü J A M A R G O J C V Z
G Á Ý N O W A B V È G R Í V F T
Ü R R E R A X D X E E À Q K T É
S J N E G S L A A H S U Z A È C
C V Î Ñ U S L I C P H T Ó Ý Í O
Ü J I Í L Y K I B J T Q I O Z N
X O M V L È F X È R E A N D D G
F Ñ Ö I O À I À L Ú E Î D X O E
O Ñ I B L Í Y E T Q B T Ï O L L
P L Ï Y U H U Ç Ñ M H L A H R A
P E J Á Ñ R O G B A C O Ñ F W D
U E E Ó C J È J U C È Z E M F O
U R V E L A E Ï A C I H D V Ö S
S Z J À À I R Ñ Y S C Ú B Ó Í E
È V A S T R O N O M Í A P Y U Ó
```

- MARACAS
- MINERALES
- VENDA
- ABEJA
- GERUNDIO
- VESTIDO
- JUAN LOCKE
- NEOCLÁSICA
- KABAT
- CARRETERAS
- EXCAVACIÓN
- TORRE
- CARIÑO
- PANTÓGRAFO
- DAMA

## #16

```
À P A N T Ó G R A F O Ç M D B L
É E Q Ñ Ý Ú Ú X F B A Ç T O Á Y
O X K F G U U Ç M M J R Ñ M P È
Ü C G B E Á U Ç A Ñ Z I É P É V
T A G Ü R B Í D R Z R I À È Ç E
M V C N U Z À S A A Ñ É Î D C Í
I A A E N T È S C M P Y N Ú K D
N C R O D Í B V A V K K Ö P E Í
E I R C I Ú K P S A E L Í K W Ï
R Ó E L O Ý U A J A Í S C D À N
A N T Á U I F E B Q E O T Z Ü Q
L I E S Á T B Ú Ñ A L L W I A M
E À R I É A O Ý V N T Ö X F D Ñ
S V A C A Í X R A Í N A Á Í G O
I R S A M U Ó U R O Ñ Z J O X E
Ý D T Ï N Î J A V E N D A N M L
```

- ESÓFAGO
- ESPAÑOL
- CLOSET
- NADIE
- RECUERDO
- CERVEZA
- ARO
- FUEGO
- CASPIO
- QUITAR
- USAR BICICLETA
- MAÑANA
- DESINVERSIÓN
- MARCO PARA LENTE
- PAN

## #17

```
G O I D E S I N V E R S I Ó N W
P L S V C A S P I O Ñ Y W Ü L U
N É T M G R Ö É O Q È U Ü J K S
Y R O X A F T Ç Í T M R O D Ó A
Y K G T B Ö U Ý T R Y X B È Ú R
È À I Ï W B A E Ó Z M G P M F B
K U B O Ñ P A N G K L Ö A Ï A I
Q O R E C U E R D O P N H Z P C
W B Ç B Ç D Y Ý Ñ J A Ó E Ö Z I
Á Ç Z N È T Ó A Ç Ñ Y V N Î T C
Ö X Ý J Ç Ý P È A Ç R M F Z Ú L
Ý U Ç Ç Z S V M B E D W Ý C P E
P A R O E U F Ï C L O S E T D T
B M A R C O P A R A L E N T E A
Ï Ü Ñ N A D I E Y E N Ó D R Ï Y
N E S Ó F A G O G Á I Ö M R J X
```

- TUBO DE ENSAYO
- CÁMARAS
- ALEJAR
- ACRÓPOLIS
- MACERAR
- BRÓKER
- TURRÓN
- BICICLETA
- HISTORIA
- ACEITE
- PEQUEÑO
- HOGAR
- CATORCE
- TRANVÍA
- JARABE TAPATÍO

Page 10

## #18

```
V F N Ý C G I Á Ý O S Ý À Z A J
Y K Ç C Á M A R A S L È S Í M A
P X K Á S Z N Í K Í J I V Á Q R
Ï Ö S Ú T U R R Ó N L N V E W A
Z J Y T X O A A T O A U T X Ý B
J U Á Q T E D E P R Ú I Ü Ï Z E
Ï G P S Z Ú Ñ Ó T B E S M É Î T
Ý F I T U Ö R Ú Z C Ü F Ñ Ï C A
Ç H P Á C C H F A X Z C T Ï A P
Ú N K M A C E R A R K M Y Ó A A
K T U B O D E E N S A Y O S L T
M Ç Ö Y B R Ó K E R Ú E X M E Í
Ñ Ï W Q F O T E H O G A R H J O
V X B I C I C L E T A E E B A Ö
C A T O R C E Ý B Ï B I L Ç R K
R Ï Í C N X É E P E Q U E Ñ O R
```

## #19

- FAMILIA
- OSCILACIÓN
- CUCHILLOS
- CEJAS
- PAZ
- FRONTAL
- CALCETÍN
- BRISA
- EDAD
- COLADA
- ÚTERO
- SEMÁNTICA
- PARQUE
- AFEITADO
- PRISMA

```
P Z V G J È Ç Ú S N O Ñ T Q H C
S O Q Ñ B D Z I A È Ü G Î X Q B
C S U V A U O R À F O Î Y M Á T
U C Z D B Ö R F V O E À Ó Ó F Ó
C I E D Ü P E Ü R F Ú I Z G G Y
H L S R S G R À A O A Ú T G U Á
I A B R I S A I S W N M Í A E O
L C Ñ Ü M C Ñ Z S P É T I E D C
L I L J Î E Î R Ï M A C A L Ý O
O Ó Ü Ç Ç J G Ý M Ú A R N L I P
S N Ý Á C A L C E T Í N Q I Ú A
W Ó D È T S Z T Ó D P A Z U T L
A W Q D F K À O Á Ï U S Ç Q E Î
O N Á I Ü C O L A D A X Ö Í R C
S E M Á N T I C A G C Q Ó È O Y
P P O Z J Ç X Î T K S Î Î H H Ó
```

## #20

- CALEFACTOR
- MAZAPÁN
- NUTRIENTES
- POCO
- MAGOS
- PARED
- JUEGO DE CARTAS
- INODORO
- CABALLO
- ARETE
- TRAPECIO
- COBRE
- FRUTERO
- GÉNERO
- CECILIA

```
F A U X S M A Z A P Á N À O Y Î
Á R V M K Ü U W U N Ý Q Ö J Í U
B L U Ñ A V K Ç T I Ç Ñ Ö U B Ï
C A Y T Á G Ý D E N F Ú X E X B
Á Á X K E G O È W O V V Z G B N
K W N É Ö R E S Í D V V Ü O H U
F C W I U T O Á Q O C G I D G T
Ö E Ú S E Ü D Ó K R U C T E É R
C C H R H V È O T O E V R C N I
G I A T O Î C E Ú P U B Ï A E E
C L G Ý Í O V L A Ý O S Ó R R N
Î I Í Ý P H O R W C Ü S À T O T
L A O Ó A È T J À E J D F A K E
Î T J V Ç C C A B A L L O S Ú S
B Ö L A C A L E F A C T O R I F
À X Z X P A R E D M V Y Ý Í L D
```

## #21

- [ ] NEUTRINO
- [ ] CLÍNICA
- [ ] CALCIO
- [ ] PELOTEO
- [ ] NOTICIA
- [ ] LEOPARDO
- [ ] HORMONA
- [ ] CRATER
- [ ] REMATE
- [ ] HERMANA
- [ ] INVASIÓN
- [ ] COLES
- [ ] POSTRES
- [ ] ALTURA
- [ ] MESETAS

```
Ç B M Ç Y Á Ú Ó L R A Z F A Y È
P K E Ú É Ú O Ï J N À Ü Ö Ö G T
N Á S Ñ Q I Q É A Ö W N C N O F
Ó N E C C Ý È M A É Ç M Ó D E B
É É T L F F R J C À Í I R T Á U
B È A Í Ý E C O L E S A A Q N P
V C S N H F V G Z A P M P P E B
D Ñ C I M Ç N I V O E Ü O H U S
R U R C À Z A N E R Ü Ú S O T Z
Ç X A A B L I L A Z S Ý T R R T
R N T E U F Ç R Ü Q Ñ H R M I Z
G U E Ñ Ï Î U Ö Ó B S È E O N S
F Í R N O T I C I A E G S N O X
S T I M L I Z À T X Ó Ú Ö A Y Ö
P M Q A È N V U P E L O T E O Ó
P P X X È N Ó A Ñ U É J O Î À Q
```

## #22

- [ ] DEIXIS
- [ ] AIRE
- [ ] VALLE
- [ ] TINTORERÍA
- [ ] HOMO HABILIS
- [ ] BAMBALINA
- [ ] CIZALLA
- [ ] VACAS
- [ ] BARATO
- [ ] CAMALEÓN
- [ ] CENTROSOMA
- [ ] COGER
- [ ] EXTREMISMO
- [ ] SEPARADOR
- [ ] ALTOCÚMULO

```
P B Í B E X T R E M I S M O M Y
Í V Ñ À B A M B A L I N A B D V
T H L A A L T O C Ú M U L O V E
I Ú V S O È Ç Î P C I Z A L L A
N Ü A S H O M O H A B I L I S H
T F L Ú M Ó K N F Z O G H M I É
O O L D A Ú C É Ó T È Á P À Í H
R S E E A I Î Ñ A R À G Ý Á Q T
E A H I À V R R L Ó J C O G E R
R M E X P L A E G B Ç I F A U S
Í X Ñ I Í B F M Ú Z À O E Ó Á L
A W Ñ S Í Ú S E P A R A D O R H
C A M A L E Ó N A U É L Q À N À
Í Q Ý E H C E N T R O S O M A Y
Ú L Ý Ñ Ï S H E Ñ I Í R J D F I
H À V A C A S B Î D Î Y À Í F H
```

## #23

- PAJAR
- MARTE
- CORTISOL
- ALTAIR
- CUCHARAS
- PLANTAS
- INVITADOS
- CUERNAVACA
- COSECHA
- CORRAL
- EXPONENTE
- ESPEJO
- GLUON
- SUMATRA
- CIBERESPACIO

```
L E A C I O N K O P B V A J L A
T R L E V N W V G Q W U A S M K
P X T O C C V C O R R A L U E G
W H A T M O U I L L Z B M M X I
V Z I U K A S E T M C B V A P C
V J R Q N S R E R A N P R T O O
W E S P E J O T C N D Z C R N R
Z W K U Z P V J E H A O B A E T
N Q V P I L I O I H A V S H N I
G N B Q B A R S Q A P X A L T S
B A C T H N K W D B A A H C E O
G L U O N T P P D K J W N U A L
S F V A C A D B Z E A I V I O T
B C M Q S S R X O L R L O H K U
L C I B E R E S P A C I O Y A M
C U C H A R A S P Q E Y U A T R
```

## #24

- CÉLTICO
- PLACA
- VINO
- MÓNACO
- ARRIERO
- ASISTENCIA
- DIAGONAL
- LAS VELAS
- LAGARTIJA
- FILANTROPÍA
- DILOGÍA
- CILLA
- ANFITEATRO
- GASOLINA
- ISABELA

```
É Á M Q Ý K Z P A S L N G Ó J A
K G M É L E Ñ N D A C Y H F Á S
N É P M W A I L N Î I È F F O I
D A B H Ó L S O Ú Ç L Î X C I S
U Ï Ý X O N G V D T L N I Ý S T
À À L S I A A Ö E I A T L C A E
M M A T I O S C Ö L L Ö D Q B N
Y G G D E X H N O É A O Á Q E C
H B A V E A È A C À Ú S G O L I
Á Ö R I Ü D C D À Z Ó Ý R Í A A
Í K T N Í A Á F Á Ó Y E Ñ Ó A C
X Ï I O L Ý O O Ü Í I B Ç M I S
Î À J P Z W Ó P È R H B Ó Í Ú J
E P A T B Á J Ñ R F T L R Ú Q È
É B Y Q F I L A N T R O P Í A Ç
X Î Á S A N F I T E A T R O O M
```

Page 13

## #25

- ENTREACTO
- CASI
- JAMÁS
- PEGMATITA
- CABO
- PARANÁ
- COMPÁS
- CESACIÓN
- POLISEMIA
- ARISTEO
- GOCTA
- GRAVEDAD
- BANGUARDISTA
- CAMERINO
- SÍLFIDE

```
G P O L I S E M I A Ï K D H Q U
Ó S Î P T F H A R I S T E O S Z
Ï Ü C M E O C C G R A V E D A D
H V Z Ï Ú G Ï O A M R Ö C K O T
P Ç L Ç S C M Z M M W X A L Q L
Ç N É A G A Q A Í P E W B Ú V C
A Ç G Ö Ç S Ó Ï T I Á R O R Ú C
E Ó Ü O Á I Ú S G I N S I I Á J
N Ó E X C Q V Q Í Ó T Ç D N B Ñ
T Ñ Y V V T Ö À I L T A A I O Ç
R N Ý F Z K A C Q W F R Í I L Ç
E J A M Á S A Y F N A I G Ó Ý Ü
A Î G A D S Ï M À P Ú Ç D M E L
C N S R E G S O Á Y K Z E E Ó À
T B É C Ý À Ç Z T X P D C È Ü S
O V B A N G U A R D I S T A B Ü
```

## #26

- HUASCARÁN
- MÚSICA
- CAÑA
- PION
- ÓRGANO
- IDENTIDAD
- CARNADA
- CÁSTOR
- REPOLLO
- OCARINA
- EDIFICIO
- APELACIÓN
- NINGUNO
- LÍTOTE
- PUNTO

```
N X Ñ M É Z Í E Ö À N A S N P Ö
S Ó Ü Ú À F O M O Á D D Ó D O M
Ö B M S Î J I L R A O I A Á N A
Y O Z I W A L A N N C D P È I Ï
N Ö R C Y O C R A A I É U M N O
V G I A P S A G L T D G N W G S
Y W G E A C R E N G S A T Ü Ü Á
Ö É R U R Ó P E Ü D N Ï O E N S
Ó L H Í L A D E D I F I C I O D
Á O Ç R Í I Ñ B R V X W Ö I O M
Ç Ö D K T N K A Ü È H R Ý P Ü Ú
C Á S T O R C E D Z M C N U Á U
G V K I T O P N H B R A R Q Á Ó
Ó Y P L E Ó Ú Ó U K E Ñ P V K L
D Î H H H J A D U Ó J A G Ý À N
Á Î M É À Z Q N M Ö È Ý P X N K
```

## #27

- PUENTE DE GLÚTEO
- MAQUILLAJE
- DETRÁS
- EPICENTRO
- RCP
- DEMÉTER
- REALISMO
- PISTILLO
- LA TORRE DE BABEL
- CEREALES
- CAMILLA
- ÁGUILA
- ECOSISTEMA
- HASTA
- ANTÍDOTO

```
C Z L A T O R R E D E B A B E L
P S G Ö M V Ï V J P E O N Î C R
U R M A Q U I L L A J E T L O Z
E H Á F J W D J Z A Ó Ú Í Y S E
N A È T I M Ý E S S J B D É I P
T S I Z Y S A Á M N I W O N S I
E T M Ú T L R Q Z É Î G T J T C
D A A C I T Ñ C P È T Ú O R E E
E Q B U E C C B È S A E A E M N
G Ú G D G R A L Ö J Y È R A A T
L Á B N D Ý E M Ú L R D Á L J R
Ú È C X É Í G A I Ó A L Ç I R O
T S L W I Ç É Ú L L I K K S C Q
E Ü Ü T T X É Q A E L J I M P L
O P I S T I L L O X S A Ú O L V
È Ï P À N U Ú Ö Ñ W Ú C Y B M M
```

## #28

- ACUÁTICO
- HUMILDAD
- ÉTICA
- TROMPETA
- FÉRTIL
- CURVO
- CONO
- SUMA
- DESIGUALDAD
- ESTERO
- SALUD
- BANDURRIA
- MAJESTAD
- APAGAR LA LUZ
- DEPORTES

```
Q H Ç Ü A C U Á T I C O L Y Y U
É G H É O Z Ó Ú Î P I L A V L È
Î Í J V É M Ó Q G D D T G Ü Á Ý
O V R Î Ü U V Ý Z È E D Ú Á E Ü
F U F É R T I L O P P E O Ï Y D
C H Y L H D Ç R M E O S K Ý J K
N H Î X U I E O Ï Ï R I Ú Á S Ö
K Ï U L Î T R T O É T G M É U T
K I A M S T È E I T E U A R M C
I S È E I S T N P I S A J U A C
N Z Q Ý Ü L M P Ý C O L E Ú Ü Q
Ó Ñ U Y É A D P Ö A Ý D S L Z N
C G E E U Í P A W N M A T Z X X
W E C J C O N O D C N D A H A H
A P A G A R L A L U Z F D È V Q
Y U B A N D U R R I A X Ñ Q Ú S
```

## #29

- EMBUDO
- PROBETA
- ALÓTROPO
- CALDERO
- DEBAJO
- ASIENTOS
- PURÉ
- DIGNIDAD
- EXCLUSIÓN
- CANGREJO
- SEQUIA
- HIPÓFISIS
- CALENTAMIENTO
- CLOROPLASTO
- ADAPTACIÓN

```
Ç A M O P H N P A S À Î Ö O È O
E D Y D Y U X N È Ó J I C S B A
X A É Î Q D R Á L D W D O O Ó X
C P I L G E È É A F W T T Z Î I
L T L Ö C M Á T O Ï N N E Á Z G
U A Í R Á À E P O E E M B U D O
S C X Ó R B O J I I Ç B O Ó D Ö
I I L A O R A S M Î S R É A C Î
Ó Ó Ç R T B A A H I E A D I A Í
N N P Ó E Á T È S D I I K Ú N Î
B É L D E N I I L U N E Í Ú G P
Ú A Í È E Á F A Q G O L N Ñ R Î
R B Ï L I Ó C E I I W H J H E Ú
C T A A P Y S D Á Ý W F Ï C J Ñ
J C Î I H D N Ï A Í H È V À O R
Ö M H C L O R O P L A S T O Ü D
```

## #30

- PIÑA
- CUBETA
- ÓRGANOS
- INFECTOLOGIA
- GRASAS
- ATRÍA
- BAÑERA
- MENTA
- TIBURÓN
- GUARDAMETA
- CILINDRO
- CORONA
- SEÑAL
- VACUNA

```
Í È Í R R Á A C È W R Ó Z U G I
É J O Z K B J T U E V I È C A O
Í Ç T W À O A G R B Í Ü Í È D I
Y J Ñ Î U X M Ñ Ö Í E K D F È N
W Ó S G Y S Q E E X A T E H C F
Z Ú X Ñ R K Í X W R Í Ü A T I E
G U A R D A M E T A A Q Ñ I L C
U Ý F X M G S Ñ F S F W A B I T
O Ü N U Ó R G A N O S N T U N O
Ç A Ö S Ï B T Y S M U Ï È R D L
Ü Ç Ï C E N Y É F C S Ï Ñ Ó R O
N Î À C E Ñ Ñ A P V L G N O G
H C G M A È A V A I É B É Á K I
Î M Ý Z Ü Y I L D Ñ F F T E K A
U S Y N M É H V A A Í Ç W S D Î
X Ó O N H C O R O N A F P X O À
```

## #31

- AQUÍ
- AZÚCAR
- ARANDELA
- CAMISA
- RETAL
- ARRIBA
- MICA
- RETO
- CHAQUETÓN
- AUTOMOVIL
- NAPOLITANA
- DESIGUALDAD
- NEUMOLOGIA
- OSCAR
- ALTO

```
I À Á X Ü R A A D Z Í Ý Ç Í L Î
P Q À Ï J F R X T U X V Á A C D
T Ó R E T O R Í Q O E Ú S X A E
E O Y È R H I A T D É I Ó R U S
I D S J Ö A B L Q Ñ M H U U T I
Î S N C A T A H Ö A F O G D O G
Î Ç N Ý A Z L A C G A K Ó H M U
Î D Ó H Ö R Ú A E C X L Ü V O A
Á B P Y Ï M Ý C I X Y È Ï C V L
Î B E N T N Á M A T N T Ó Ó I D
Ó T Ç C Ï Ú A B P R T Ï Y S L A
Q A Ö Ñ G C H A Q U E T Ó N Ü D
Ö G Ñ O Ü S W C V P R E T A L Î
F N I W W N A P O L I T A N A M
Ü N E U M O L O G I A F S B U G
É K H T J K A R A N D E L A Ú M
```

## #32

- SALAMANCA
- OTRO
- DEPORTE
- FUMIGACIÓN
- PANDA
- CLÁSICA
- TÚMULO
- CONFORME
- NUNCA
- PIZZA
- IRAZÚ
- CINE
- PALA
- DENTISTA
- METEOROLOGÍA

```
Ö D F U M I G A C I Ó N S X A E
N E É V P B Q W T Ú S V A W O L
P N P M J A B Q O Î K B L F Ö A
I T R Ó E M L C I N E Ñ A Ï D Ç
R I X H O T À A O W J Ñ M Y B Q
A S N C P Ñ E R C M Y Y A B M L
Z T N C Ç A T O Z L I Ó N B Y Á
Ú A V Ö O O N N R Á Á R C Q P F
T S Í X D N Í D U O À S A F W K
Ú E P Ý É E F È A N L P I Y U M
M É Á I Ñ K P O W G C O N C À U
U E A D Z S S O R Ü N A G Ú A T
L B Ç P É Z A A R M Ó O G Í J Q
O N À Ý Ç Ü A L Ñ T E Î À Q A X
Y J M Q R P È É O T E Q Ó Q W S
Ç È Ñ X Y V Z É D J N H Z È D H
```

- JABON
- MILITARISMO
- FRACCIÓN
- BERBIQUÍ
- ESTANCIA
- PIANO MUSICAL
- MOTOCICLETA
- GRANADA
- TENERIFE
- HÚMERO
- BANDA
- XILÓFONO
- DOCTRINA
- PETRÓLEO
- BORRADOR

**#33**

| R | Í | É | D | Ý | U | M | C | Ó | Ý | É | P | E | J | O | R |
|---|---|---|---|---|---|---|---|---|---|---|---|---|---|---|---|
| I | B | À | A | É | M | I | L | I | T | A | R | I | S | M | O |
| Ö | P | E | E | G | Ç | Q | H | Ú | M | E | R | O | M | Ü | T |
| P | E | É | R | S | R | F | A | O | Ó | Ý | M | Z | G | F | E |
| I | T | Á | Z | B | T | A | O | X | Ñ | Í | H | É | É | È | N |
| A | R | J | D | B | I | A | N | R | I | Q | É | E | C | Q | E |
| N | Ó | Í | J | O | O | Q | N | A | X | L | S | C | N | P | R |
| O | L | Ý | A | F | C | R | U | C | D | H | Ó | S | C | Q | I |
| M | E | Î | B | Á | R | T | R | Í | I | A | H | F | Q | È | F |
| U | O | Ç | O | T | Ï | A | R | A | À | A | D | P | O | T | E |
| S | B | B | N | Ú | Z | Q | C | I | D | H | D | P | Ú | N | Í |
| I | K | A | K | W | O | O | A | C | N | O | X | J | I | Y | O |
| C | K | C | N | Ý | Ý | Ö | B | J | I | A | R | O | B | É | Ñ |
| A | B | I | C | D | Y | R | À | Ç | S | Ó | D | I | U | È | N |
| L | U | U | E | Ú | A | J | E | X | H | Z | N | Ç | S | E | B |
| M | O | T | O | C | I | C | L | E | T | A | Ö | H | Ó | F | I |

- GUPPY
- GRIFO
- RUBIO
- ESPAÑA
- VOLEIBOL
- VESTIDOS
- TRAPEADOR
- BÁSCULA
- CUCHILLO
- MODESTO
- SVARTIFOSS
- COLESTEROL
- INSULINA
- CARRO
- POSITIVO

**#34**

| T | N | K | R | A | È | D | Ñ | S | G | R | I | F | O | P | N |
|---|---|---|---|---|---|---|---|---|---|---|---|---|---|---|---|
| A | E | C | O | U | C | O | L | E | S | T | E | R | O | L | Q |
| Y | S | V | E | R | B | S | U | E | Ç | Í | F | À | C | À | D |
| Ñ | P | Ö | Ö | F | P | I | Ö | C | Ý | Q | S | R | U | A | I |
| I | A | Ü | Q | Ñ | E | C | O | V | O | Ý | S | L | C | D | Ñ |
| F | Ñ | T | C | P | J | A | L | V | K | O | A | M | H | S | Á |
| Ó | A | N | Í | A | É | R | Ñ | S | D | L | Î | R | I | V | Î |
| Ú | G | P | Ç | R | Ú | R | J | I | U | J | O | J | L | A | O |
| Z | H | O | Î | B | É | O | T | C | L | D | À | Ý | L | R | O |
| S | R | S | Í | U | W | S | S | O | A | R | Í | B | O | T | D |
| V | G | I | O | Ú | E | Á | B | E | O | F | A | À | S | I | B |
| E | Ú | T | U | V | B | I | P | Y | R | Î | H | E | Ú | F | O |
| À | Ñ | I | H | Ó | E | A | P | F | Ó | À | D | I | E | O | R |
| B | Ï | V | C | L | R | P | E | X | X | O | Í | I | Î | S | H |
| T | Ý | O | O | T | U | J | A | E | M | Ç | Ý | Ç | I | S | U |
| J | S | V | L | G | X | I | N | S | U | L | I | N | A | Ç | Ó |

Page 18

## #35

- CARRERA
- CEPILLO
- CORAZÓN
- BARCA
- BÚHO
- MALETA
- MARACAIBO
- RECICLA PAPEL
- PEZ
- ESCUELA
- CÁPSULA
- SIRIO
- IMAGINARIO
- TELÉFONO
- LEOTARDO

```
Ý V V Y Ö M A R A C A I B O V P P
Ü E Í Ý S Ç C Î Y H E È H L N É
A H S Y U Y V È Ý O B B A R C A
Ö R E C I C L A P A P E L G À Î
Y L C M U Ü Q É D Î Î Ï P E C K
G E O A O E S Ï O I H Ñ D L Á À
J O R L Q B L N B O M Ö O Ú P U
V T A E Ú O O A Ú Ç B I A O S Ü
K A Z T X F Á X H Î R R L E U Z
P R Ó A É D D S O A E L P Ý L É
L D N L Ç Ó Ú Ü N R I Í G O A K
R O E Á S Z Y I R P É V I X B T
W T I F U J G A E D Z R Q J Í Z
B F Ï R Î A C C Ï K I À P É E Y
H Í N U M Y R Ú Í S X Ñ È P E F
J I I I Ü T S Ó Ï S Q J À S E I
```

## #36

- PÁGINA WEB
- CINTYA
- HISTORIA
- MADRE
- AIRE
- NUECES
- PUEBLA
- VINO
- TALADROS
- RETENCIÓN
- DESPEJADO
- ALELO
- OPÁCO
- ATAQUE
- POLIFAGIA

```
A Í Á W É I Ï P Á G I N A W E B
X G É R E T E N C I Ó N Y H Í O
Ï Á S P S K M S À À C Ç Ú I V P
Ó Ú Ú Z B Ú Ü A A E G K É S Í O
Ç D A Ç L Z T Y D H I Ñ O T P L
C Y S Ú F Q T Ý A R G N T O O I
Í È T I Z N K A É W E U Ï R P F
Ñ X A Ó I K V T M O Y E W I Á A
A A L C R Á T A V Ü L C É A C G
Í I A Ó É J M Q I J V E Ý C O I
Í R D A Y À J U N H Ü S F W Ç A
Q E R L X Ó Ö E O I Y H X Ï G D
V X O E N P O Î Y M Á A R À S V
Ú Á S L Ç P U E B L A E R R F Y
P Ó Ý O D E S P E J A D O H Ï I
Z P Ö Î Ó U À Á Ý Ç B É Ú Ö S R
```

## #37

- MANDARÍN
- CRACIA
- BIEN
- PEZ LUNA
- AUTOGOBIERNO
- EQUILIBRIO
- MEDALLA
- TESTÍCULOS
- BUFFET
- TRAER
- MAGDALENA
- EDIFICIOS
- CALUROSO
- DROMO
- GENOMA

```
Í O P Z V O B I E N B Í G K B G
Í N M A G D A L E N A O T P Ó D
G É F Q C J M P M U Ú N Ý H L J
C W V Z P C A Ç E E G H Ï F Ü E
E A C H D A À J T Z D R Á Ç S D
T U L R L T H E R L L A N O H I
V T Ï U A À O O A Ý N U L Z Z F
Ç O Ó Ü R C M X E Í C U N L D I
B G J Ý Î O I O R K C Y U A A C
Y O É È R B S A E Í T R S P Ï I
Ö B Ú D V À D O T T Ü Z À T D O
Q I W L K N A S W Î W K T B É S
C E O Ö A Ó E Q I Ï Á L Ç U Ö D
Ñ R Ï M V T M È È B U F F E T Ý
H N Ç E Q U I L I B R I O W Á Í
Z O F O G E N O M A R X W B U S
```

## #38

- REGADERA
- SIETE
- GUACAMOLE
- BEBÉ
- LA VIRGEN
- AUTOBÚS
- CAMPESINO
- GANANCIA
- ESCULTURA
- SÁBANA
- SILBATO
- CLARINETE
- INODORO
- XIMENA
- OSCILADOR

```
V B H Ç Z Ñ Ï J O V Ü U M B S Ü
V P W I K V I Ç S Á B A N A À Y
G E S C U L T U R A A Z P R Z Ú
A C F A G U A C A M O L E J T I
N A X O U Ö Á C L A R I N E T E
A M K B I T L L D Ñ Î R À U K C
N P K I E N O L A S I L B A T O
C E Ý H F B O B B V R R W W E F
I S I E T E É D Ú F I U Z O Ï Ö
A I A X U Ý Ú A O S Y R É A B
Ü N X É Ý Z Q X Î R U F G N Ó I
Ú O F È W Y T Ñ F Í O M E E H V
G W Î Í T X Í F C Á Á M S Ç N È
F Í R E G A D E R A I E Ò Ó Í N A
O S C I L A D O R X D I K Z È Z
À I Ñ K Z Ï Ö Z Z Ú N C B À Ü D
```

Page 20

## #39

- [ ] CLIENTE
- [ ] QUÉ
- [ ] AGUA
- [ ] CARA
- [ ] PROTÓN
- [ ] IGUANA
- [ ] ENGREÍDO
- [ ] TURISTA
- [ ] RATONES
- [ ] SUCIO
- [ ] ANESTESIA
- [ ] GRUTA
- [ ] POSADAS
- [ ] APERTURA
- [ ] AGENTE LIBRE

```
Á Ñ À T I Z L A D S W X Á X Q C
G E B B Ï A P E R T U R A N U B
Ñ A N E S T E S I A G K Ó Ý W À
Á N É G L S Í Q U É R T Ö Ü M F
K G Z S R M C Í R R O Y Ú C V I
L L R E V E É M É R A Ç X Y J Ý
Ú M Ý U Y Ü Í I P Ö P T T R F I
Ú C Ö U T W I D G Î O O O U N Ý
Ç U A C Ó A H Í O U S Í W N Ï Ü
Ï T Ç R N H B A G U A U X P E Á
L Ï Y À A Z S Î J V D N C U N S
N N Ý Î D A Y Q B N A E A I Í Ý
É V Î Ç Î K F P P Ü S G B O O C
D È Ö J A G E N T E L I B R E F
Ó Ö Ï T I T U R I S T A M I F Ñ
G A A Q Ú B C L I E N T E È É P
```

## #40

- [ ] KAHIWA
- [ ] HERBICIDA
- [ ] AUNQUE
- [ ] LEGUMBRES
- [ ] LAGARTO
- [ ] VENIR
- [ ] ARTE
- [ ] DENTADURA
- [ ] CALAMBUR
- [ ] CAMARÓGRAFO
- [ ] SUAVE
- [ ] RADIOS
- [ ] AVISPA
- [ ] BOLSAS ECOLÓGICAS
- [ ] COMPLUVIO

```
Ç Ü F À C A M A R Ó G R A F O V
P Q Ï E P U F Q S Ó E K Ï J N J
È K Ñ L A G A R T O R A Ö A C A
G H Ý Ú O Ý U Ú Ü I H H D Á Ü Q
Ñ K F I M D E T N M Y I F J G Q
C A W À Ç Y U E B É C W Ç U Q Á
O D A A Q J V X C I S A P X S C
M Ý A Y R Ï È Ú B Ü N Ó E E P L
P E U Á L T Ñ R Á N S P Í Z M E
L Î N N U Ý E Ó D Ü U Ý F J S G
U Ú Q A I H E Í Z A A F G O N U
V G U I H Ï À K F L V Ü I È D M
I A E B W J P Ö Î Ó E D R À Ö B
O D E N T A D U R A A D É G W R
Î C A L A M B U R R Á Ú Î Ö Q E
Á Ö G Í X A V I S P A L R Ï À S
```

## #41

- BOTE
- ÓPTICA
- ALVARADO
- CLAVOS
- DETERGENTE
- HARBARIO
- CERCA
- LINAZA
- CAMPAMENTO
- VICTORIA
- BATERÍA
- PAREJA
- MEJÍA
- BRAZOS
- EXCAVACIÓN

```
Z É J Í Ñ Y R E Ö Î W Ú D O P
É Ç O X T X Ó G W È U P E I S Ó
N B Q Î W E B R A Z O S R O B Q
Ñ H O F Ï Ö T C Í T G A V X L O
V P W T O Ú Ó É G P B A E M D Z
I È C F E Ï N Ï V R L T J A É B
C Ñ U M E J Í A A C N W R G Ó H
T L P B Ü M P H T E É A M Z E Ö
O I Ý Á A E K T G I V Z U X Ó W
R N C W P T G R Ç L P A R E J A
I A E S D Y E G A I L R Á E O M
A Z R J A T Ï R D A W Á M E B Ó
A A C J E P È G Í É I H Q A Ó V
X Î A D T C A M P A M E N T O Ü
É A Z Q Ö É G Ö T Ó P T I C A M
Ö E X C A V A C I Ó N É Ñ È Á À
```

## #42

- BRINDIS
- ALFIL
- FRÍO
- CULTURA
- HARTO
- CONSERVAR
- EXTERIOR
- NEONES
- SOMBRERO
- MUROS
- SERVICIO
- EXPULSIÓN
- ESPINETA
- EDUCACIÓN
- EL IZCUINTLE

```
M M Í Ñ L Ü A F Ç Ï X Ý V T B T
X Í A S Ý Ó C O N S E R V A R T
Ý Z D Ö O E X P U L S I Ó N J F
M H Ñ W O M C Y O N X G X C Í E
Ü I A Z E J B U Ó J E R R Z È D
O É H R X L Ü R L A M O F M L U
R S N U T D I S E T J U N F Ý C
E D E Q E O À Z B R U Ñ R E R A
W S W R Ï X O R C B O R H O S C
Î S P H V Í T F A U R L A Q S I
B Q T I R I J E M L I I N É D Ó
N X Ï F N Ü C A R M F N N T À N
L A R W Ï E Î I T I A I T D Ó K
Z Ú D Ö V G T Ï O Ñ O U L L I Ï
B Á T Ç H Ü J A N Ï È R À U E S
C F I Î I Ç Ú Ï Ï Z I P Ï I Z X
```

## #43

- PRECIO
- GANÍMEDES
- SIGMA
- REGALOS
- LECHUGA
- LEÓN
- FOLLAJE
- CERES
- HERMES
- DIONISIO
- CARTA
- RASTRILLO
- HAITÍ
- PLAYERA
- CAMERÚN

```
G B Ç À F Z B Ú Á H S U A Í Ö Ó
A W N Ó D I Ö Ú À A C E Q N Í Ö
N M Ö X R F L V Í I Ñ A Ñ E B Ï
Í F T É E Î È W Ï T T A R P Ó D
M C O Á G L È Ö L Í Ö Ó Ï T Q I
E A Ñ L A Q H E R M E S P X A O
D M Á Ï L L E C H U G A Ó È O N
E E R E O A R A S T R I L L O I
S R Ñ X S V J F S A N C À O E S
K Ú H U S V F E R Ó P Ñ Z W U I
Á N Y Ö C É Ñ E E A V R U Ý J O
G V A Ü D E Y L M Ú J N E Ó Í F
I Ç I U Ï A R G K A L W C C Ó Î
X B E S L B I E Q B A L O Z I P
W K Ó P M S Î V S Ó R S Ü M Î O
T T Ó Ñ H H Î C V À Í R J Ú X R
```

## #44

- FERRETERÍA
- COREANOS
- RESISTENCIA
- ALPARGATA
- DIADEMA
- VOLCÁN
- CRUZ
- CÁLCULO
- TIJERAS
- AUTOMÓVIL
- PULSERA
- SALADO
- GAMETO
- CINERAMA
- ESTANCIA

```
O F E R R E T E R Í A S À P Ï E
T P Í E S O X È Ö F O Q A Ü A T
I P U Î É É N Ï À N J A I I Z R
J F Ú L B R J B A S M F C Ï Î E
E K G H S E Z E D A G N R Á A S
R D P T Ü E R R R W A È U Ç U I
A I I Ç N O R E C T S N Z W T S
S Í R A C V N A S U A C Ó W O T
Q W Ö J D I Ï E À T L Á N Ñ M E
R C Î O C E W C A V A L E Ñ Ó N
V Í G È G Z M G X O D C C A V C
Ç V Z R D A R A U L O U E Ñ I I
Y H V Ü Ó A M À R C Ñ L R Y L A
Ñ Y Y R P À Ï E É Á Ú O J A W E
W R N L H U K H T N T Q L U H T
T S A S Á È Y Á Ñ O Ö L Î N E E
```

## #45

- ☐ BIOLOGÍA
- ☐ HÁMSTER
- ☐ AGUA
- ☐ RIOLITA
- ☐ CORBATA
- ☐ ORGÁNULOS
- ☐ CALI
- ☐ GRATITUD
- ☐ PASTA DE DIENTES
- ☐ ENSUEÑO
- ☐ LISTO
- ☐ DURANGO
- ☐ AVENTURA
- ☐ EMPATÍA
- ☐ DIEGO

```
Ý P A S T A D E D I E N T E S N
Ó N H M G R O R G Á N U L O S I
A Y P G D U R A N G O E H X Ö Í
V U È C A L I Ö E H R N Z E D D
E B I O L O G Í A E R S J É Î I
N C O R B A T A T U I U X A K E
T G T W Ü Ý Ç S À Z O E M Î M G
U Ü C R T F M A X O L Ñ Ú D U O
R K L É G Á W Ñ E Î I O Ç À Ö U
A X A I H R É K O Ü T Y Ñ G È A
B Ü G Q S X A Ç À K A Ó C Ö E R
Ú Z U U W T E T E M P A T Í A G
T W A Î Q K O Ç I G U F U Á Î E
M H T F F U K Q O T Î B É N T M
Ý P È E Q É R G B O U F Z Z W G
I L D V I R Ü I W D J D Ç Ü V Ö
```

## #46

- ☐ ELENCO
- ☐ ESCUADRA
- ☐ MATACÁN
- ☐ DULCES
- ☐ VITRINA
- ☐ PIERNAS
- ☐ FRANCIA
- ☐ ALFARERO
- ☐ LENGUAJE
- ☐ RALLADOR
- ☐ GEKO
- ☐ CAMIÓN
- ☐ MOCHILA
- ☐ MAS
- ☐ BINA

```
O Î Ü K W Ñ J C K Z Ó K S Ç À Ý
C P F E A C A E M Ú Ñ F Á Î N G
E V I R Y L L Ç L D U S A Ó Î W
U I I E A M F È Î E U F Î Ú A L
O T Ö H R N Ý A Y C N L Ú T È G
J R X U Ö N C C R K A C C D E É
O I M A S J A I Á E Q M O E Ñ È
G N Ú K A D X S A A R K I T S M
E A C V Ñ É T A R P N O T Ó É Í
K Q Á O Í R N D Ú Ï F B Í I N K
O Ú X É Z I A L E N G U A J E Í
Ú H T D B U G M O C H I L A Í Í
N Î Q Î C M A T A C Á N B Ü À Ï
O È Ï S A R A L L A D O R Ü B W
U N E Ó V Ü P T Ý O J G W Ó È Ï
J Ü O C F Ç O A I R Á Ï È Ö K F
```

## #47

- ARTE
- LAGUNA
- CRUCE
- PLANCHA
- CORAZÓN
- BOCINAS
- PUNTOS
- TORRE
- SUDADERA
- BARRIL
- HORNO
- INFERIOR
- ASTEROIDE
- CONCORDIA
- ABRIDOR

```
L Í V Ñ L É B T H E W Á T À R À
G U N I E C L O Y W Ó T O H A T
N Ü S T È D A R C Ï H F R O S J
Í V D Î K Ü G C Q I Ç R R R T Ñ
B A I A Á H U Y Ç Ï N Ñ E N E M
C A Ý N Î F N Ú A Ý P A M O R È
Î I R Ú F K A Ý P H Ó H S Ý O S
G U I R C E H U S L A R T E I H
K A Á U I Ï R O A E A M R R D É
À D S U U L T I C B Z N F N E Í
I O E B Í N È U O Ü R B C Ñ Ç É
Ü T S Á U N R Q Q R V I Y H V K
W É N P A C C O N C O R D I A Q
P Ö P P M M U Ï V X U G Î O H R
Ï Ö È Ý W C O R A Z Ó N Q J R À
W J Ç S U D A D E R A Ó D A È G
```

## #48

- EXCITACIÓN
- TRECE
- DOMO
- SAJAMA
- DISQUETERA
- PULSAR
- SAL
- MORADO
- CUADRÍCEPS
- DUCHA
- VINAGRE
- CULTIVO
- PENKAMINO
- NADA
- CLARINETE

```
U F Ü D I S Q U E T E R A H R K
Í J È Í É C U L T I V O E K Ü M
Ç Á U É Ö O D N C T C C À Í Z L
C X Ú E M Ö U R C S E Ó L N E J
U À À O Ü B V G G R F D Ú Á X Í
A K D Î Q Ö R I T E E G F T C D
D Ü E É P G A Ú N F D C Ü È I M
R P Y D B P E N K A M I N O T O
Í H U T U D Y U Ú É G F Ý W A R
C N O L V C Ú T L L N R A Ü C A
E Ö Î X S Ü H A R É U É E A I D
P B Ú Ñ Ü A S A Î H C N M T Ó O
S N H C W Í R D W H Q A A P N J
D Ý N F Ï É Ú H F A J Ö P D E D
C L A R I N E T E A J B À M A L
M Í Ö N F A Ï T S Á Ú Ü Ó R Ú A
```

## #49

- ☐ LLAVES
- ☐ PINTARRON
- ☐ IGUALDAD
- ☐ SASTRE
- ☐ ARTESANÍA
- ☐ PULGAS
- ☐ PROTEÍNAS
- ☐ ACANTILADO
- ☐ PLATA
- ☐ MOLINO
- ☐ PAREO
- ☐ PORTADA
- ☐ FILOSOFÍA
- ☐ PACIENCIA
- ☐ TRÍPODE

```
C Ó Ú K Í Ó Ç A M W X D S E Á E
É À K B Q P Á L Y Q Ú Ú R P O Ç
F P Ï P C À J L B W U È O Q Ç U
Ü O À R Î M B A N B A É Ý E Ñ
F R È O É C M V W B Ú Î D O Ö U
I T S T I S O E Ñ F J O D L V P
L A Z E G A L S W V P A N G Ï A
O D Z Í U S I Q Ó Í L O A L K C
S A P N A T N A R I R Í B P F I
O C U A L R O T T R N H B A S E
F À L S D E Y N A A W Y Ç R Z N
Í Z G Y A C A T S P Ö X B E Ö C
A I A Q D C N E Ñ X Q Q Ó O H I
Ó D S É A I T L N H A M Á Ú Ï A
Ü H P À P R P L A T A M O X D E
I R Á B A Z Î H S Í W O B Ö R Y
```

## #50

- ☐ BOTÍN
- ☐ COCINAR
- ☐ NEURONAS
- ☐ SULFURO
- ☐ FELICIDAD
- ☐ BLANDO
- ☐ OPERACIÓN
- ☐ ACEITE
- ☐ ENSAYO
- ☐ PASILLO
- ☐ CORDILLERAS
- ☐ ERUPCIONES
- ☐ ANUARIO
- ☐ VALLE
- ☐ SALADO

```
R Ó Z C O R D I L L E R A S D D
Î M S I Ý P A E N S A Y O A X Ú
V R U P È Ý C À Ç K Ü Ú D T R Î
I Q L Q R M E F R A Ñ I Ý W Ý G
E I F O Î Q I X É B C Ç E Ñ À A
Ü Î U Ó M Z T È À I L I Ñ E Ý I
E È R B É Á E T L O Q A A Ć S Ý
Ó H O O O F Ö E A O D S N E Ö N
Ï Ó B P Ú T F C D N O H N D Á E
Ý K Á E D S Í A O L U O W O O U
Í L Ó R X W L N L C I A É H É R
H V G A V A Q I C C I Ç R B Ü O
R A Ó C S L S E P V P N Ú I Í N
N L S I R A G U Ñ I Ö P A S O A
Y L H Ó P U R È N B D R É R R S
D E X N D E E Á Ö L A Ó À K G E
```

## #51

- JORGE
- ARGENTINO
- PARIS
- PARALELA
- CAMPEONATO
- COSER
- KRAKATOA
- JÚPITER
- MÍTICO
- ERIS
- MÉRIDA
- CABALLO
- TENAZAS
- HIERBA
- MAUSOLEO

```
A D B C Í D Y Í O X K N A T Á H
P K V D O P H U Ñ Z L C K F M Í
Í N Á Y D S B Ú C R C F I Ï A M
K N Ö R A B E M Í T I C O Ç U C
R Ú É Ö A À C R J Ú D I È O S A
A U Z P Ñ L S M Ú J I À Ö F O M
K É E S H Á Ï F P À Î Ñ R Ï L P
A Ñ J T Q V Ó I H Ý Á W Á E E
T C A B A L L O T O I R S Ó Ó O
O E M Á Ö B À W E Î A E U E Í N
A W R É Q É N A R Î W Ç R Ú J A
C Ï I I R J O R G E G D Ü B Ó T
B E Ü B S I I N P A R I S G A O
R É Y Ñ J P D A R G E N T I N O
V T Ç S Ç À P A R A L E L A V Ï
M Ï Ç S Ú T E N A Z A S S Á L H
```

## #52

- MUCHO
- BENGALÍ
- BOTIQUÍN
- CADERA
- ARCHIPIÉLAGO
- ISOSTASIA
- KILAUEA
- VARILLAS
- ABUELA
- ESPONJA
- ASAR
- CUNA
- AYER
- TAPACHULA
- NECESIDADES

```
I E S P O N J A Ü Y Á W C S K É
Ü Ú C T W M N A V Ç Ý A L Ú F É
Ü Ü Ï U C A D E R A N Ç V H Ö Ý
P Z Ý Q W D S A E U R X U J C A
X H K I S Y À U C Á Î I Ý N C N
Ý P Ñ Ú P P Ü H Y K Q I L R O E
T A P A C H U L A Ï Z F E L Ó C
Ý S B E N G A L Í D M Y F Z A E
È A Q Í A Á Ñ Ý Y Ü A U Í É Ó S
Ü R K Á B Ü L X É Z V R C M P I
Ú É Z M U G S Ï À Ý B Í Ó H É D
Ç T Î R E Q N G Ö Z B B Ç Ï O A
P K Ç S L D G K I L A U E A P D
Y É O C A N S B O T I Q U Í N E
Ü I S O S T A S I A G V D X O S
P Y K A R C H I P I É L A G O L
```

## #53

- [ ] PAPELERÍA
- [ ] REMOLACHA
- [ ] HINDI
- [ ] PLATO
- [ ] CUBA
- [ ] AMIGOS
- [ ] MAYOR
- [ ] ZAFIRO
- [ ] PELUCA
- [ ] TALA DE BOSQUES
- [ ] ESQUEJE
- [ ] OSA MENOR
- [ ] ANIMALES
- [ ] GULLFOSS
- [ ] POSICION

```
D Ü N Ú Í Ó Z Z Î E Ï J D O V À
A Í X D Ü M D Ó A K A Á L V X T
Á P E L U C A G É F Ñ W Ö E A Ó
W P A P E L E R Í A I A È S G N
Q H M M Ç H E M B M H R R Q W W
X R B P Á E I U Í C K O O U À F
Z Ñ Ý A U Î C N A È N Ñ Í E Ñ Z
G A F Ç N K R L D E B N Y J Ý Q
P U V Ý F I O M M I O S W E G Ñ
Ó Q L I Q M M A À I I A A Ö Ç Í
T J K L E M S A C C É Ü M X P E
É Ý L R F O A I L M C Ö I U L U
C H Q V J O S Y Á E N V G L A V
Ú V G Î É O S P O I S Í O Ý T Ç
Ú Ý E H P Y M S Ö R Ñ I S Ý O B
T A L A D E B O S Q U E S M H Ç
```

## #54

- [ ] OBRERO
- [ ] INTERNAUTA
- [ ] CÉSPED
- [ ] TURNO
- [ ] CARGADOR
- [ ] DOS
- [ ] DEPENDENCIA
- [ ] PISSIS
- [ ] SEGURO
- [ ] CEREMONIA
- [ ] BRÓCOLI
- [ ] TOALLERO
- [ ] SUMAS
- [ ] PRECÁMBRICO
- [ ] GRIFO

```
U I Í P R E C Á M B R I C O Ý I
Í D Í S S A M É A M Ü X L K L I
I E T U E Q U G S S E A Ó O Î V
N P V M G É N W I P O P C Ï Ö Ç
T E G A U Ñ R S Z U E Ó Z È Á L
E N R S R G S J È Ý R D À A Ï É
R D C Í O I O F N B Á Ó Ñ Ç Ç L
N E H E P N G R I F O S Ï A B Î
A Ñ Ç N R H Î À Ç B Ý D C L O S
U C Á U L E N E D G I Á A O B Ó
T I T U Ï L M L O L Z O R G R Ú
A A Q Í À J R O S Ï B N G Ü E B
Ó Y È È N Ý Ï B N B E Ó A A R Ï
T O A L L E R O Y I E Ü D R O Í
T Î Ü L È D G X Z É A Ï O Á W Z
Ü P C Á B Ó K K Y W F D R L Ï M
```

Page 28

## #55

- ADJUNTO
- LOGÍA
- NAVEGAR
- CARNITAS
- MANUEL
- CRISTINA
- QUESADILLAS
- VERTIDO
- PITCHER
- ABEDUL COMÚN
- FLUORITA
- PACIENTE
- TINA
- CARNAVAL
- PERSONAJE

```
R H J J N M Y Ç B Ü H S A P U Q
B I F È E A Ý T Ü O N W P V U
È G L M Í N W X O D I S Ü E Ý E
É Q U G Ý U Î G I T Ï X Í R A S
S Ñ O U Ú E É T S Q W I Ú S D A
T L R C R L R I Ú R L M R O J D
D A I Ñ È E R H D É L Ñ Ç N U I
C I T N V C N A V E G A R A N L
A Î A H É C A R N A V A L J T L
R À E U È P Ç S T I N A Á E O A
N Ö P A C I E N T E D J É C Î S
I T Í A V T Ý T Á O M B T T K X
T D R W Í C Ï M A W Ý L D P T Ó
A U Y F V H A L U A R J V P Ý Á
S Y Í Í N E C Î C P À Á I G È È
Q Y J U C R L R P J Z V Ü J Ú C
```

## #56

- CONFUSION
- NIÑA
- SOLUTO
- LENGUA
- STRIKE
- TOALLA
- RUBÍ
- TSUNAMI
- CARIBE
- DIPTONGO
- LUNA
- SUERO
- HELADERÍA
- GRADAS
- VEGA

```
V Ï E V X M Y A Á Ü L E U P Ç C
Q S Á H E L A D E R Í A Î Ç B O
R R T G Ó Ý Ï F R S S Á U O G N
A A Ú R Z Î Y N I L E N G U A F
F G C Ü I A P M Ú Ç A F M J O U
Ï R F Ó I K A Á L Ú G X Ö T U S
P A R Ó É N E Z P B V Ú U V Q I
T D È D U T Î M L C Ñ L C E B O
Ö A Y S I S O X G U O Z A G V N
À S T M R P B A À S N T R A Y M
È S U L P N T A L R Q A I Ú D E
C U W A F J I O F L U Ü B É Ï W
D E S N H Ñ Í Ñ N K A B E H È E
Z R T Í Q Ö A Y A G Î H Í V R È
Á O O F È Ñ U C X J O G U O O Q
Ó D É Á Ç Í P Ý M É N Á P Q E Ñ
```

Page 29

## #57

- [ ] SAL
- [ ] CAJAMARCA
- [ ] MAQUILLAJE
- [ ] VIOLÍN
- [ ] MARACA
- [ ] NEUTRINO
- [ ] TUÁTARA
- [ ] GALLETA
- [ ] ALAMBRE
- [ ] PINZA
- [ ] REY
- [ ] INFLABLES
- [ ] VENUS DEL ESPEJO
- [ ] FICOLOGÍA
- [ ] CELAYA

```
À L À V M A Q U I L L A J E É É
Î B I G B Ý Á Q A X R W Í P Ý O
E Q F G R F É Y N À L E I F B H
B Ñ I Ñ Z Ú A W Ï È N Ñ Y A È Z
H Ý C D Í L D U Ö Z C G R K Ç J
Í Á O Ï E Ó Î É À Í Q A J N E Ç
Ñ H L C Î W C Ï Ç Ü T Á Í R S P
V I O L Í N A V S Á A É B X S C
N P G T P I J D U C Á M F E X Q
E U Í T I Í A T A G A L L E T A
U N A U N U M R Z L B B F B J X
T S À T Z Á A Y A É A M S Ï Ý B
R Y A T A M R E W L Ú M D V H F
I Ó È L V È C Í F Á À Ç S Ú Í E
N Á E O Y Q A N B S F Ï Q M R Ö
O Ý V Ï B H I X P L W Ó A R R M
```

## #58

- [ ] MORFOLOGÍA
- [ ] ACAMPAR
- [ ] BANQUETE
- [ ] JOVEN
- [ ] LÍPIDOS
- [ ] DELFIN
- [ ] MERCADO
- [ ] FONOLOGÍA
- [ ] POZO
- [ ] BERENJENA
- [ ] EDUCADO
- [ ] TORTUGAS
- [ ] PESADO
- [ ] NÚCLEO
- [ ] PELEOLÍTICO

```
Q G K C P À B C P H N Á J Ç Á Ú
Ü D X P F L L A O V C J U É Ï H
A H G A E O Í T N S L Í Í K É I
S M D I Ç S N P O Q S Î Z B Ú E
X F O A A M A O I R U U N B D F
U R Ó R É Ï E D L D T E K Í M B
M V Ý A F E Î R O O O U T D E E
P O Z O C O D É C È G S G E O R
À Í P Á J A L U D A D Í Ú A T E
M U X O K E M O C E D B A Ú S N
Q U F H E Ñ Ü P G A L O F Y Q J
Á Q Z H E C Ç Q A Í D F V P X E
L Á C N Ú C L E O R A O I K L N
Q H I Q È I O É J O V E N N Ñ A
Ñ È P E L E O L Í T I C O Ï Á Ç
L Ö Q Ñ H X Ü I U D L È I Q P K
```

## #59

- ATERRIZAJE
- NUMERADOR
- PÓLVORA
- FLAUTÍN
- REMOLQUE
- FAMILIA
- ARBUSTOS
- FISURAS
- DELTOIDES
- RECHAZO
- AHORA
- OLIGARQUÍA
- CURSO
- PULPO
- PECÁN

## #60

- ENFERMERA
- AMIGOS
- TIRANTEZ
- HURÓN
- ACUARELA
- PARTIR
- SOPA
- DANZA
- MATERIAS
- DIENCÉFALO
- ÁRIDO
- VESÍCULA
- REPTILES
- NATALIA
- CÓLON

## #61

- CAFÉ
- FRUTA
- INSTITUCIÓN
- ZUÑIGA
- GOMA
- HETERÓTROFO
- CREMA
- ACTOR
- MUSEO
- ESPEJO
- TOSCANO
- DEPENDENCIA
- DIALECTO
- CEBO
- CONCHAS

```
Ñ W Ö Ü P S C K B N J D W D K Ç
W H H P I N S T I T U C I Ó N O
C Ï Z É U E Ü L Ñ G K A Î Y K T
Ú O Ü N H E T E R Ó T R O F O D
E D N A K Ü Ú P Ü U N Í B J F E
S I L C C M K É R G U V G Ç G P
P A È S H T F F B H M Ü Y Ö D E
E L Z W Ï A O T R G E G W O A N
J E U N C Î S R O Ñ Y Á O K R D
O C Ñ V S J Î Ï R S B I R M S E
Á T I Í Ý Ç H E Z C Ý L K A N
Ï O G M Ó A Í G Í M Y A K Ï T C
Í E A Ç Ï S S T K Z U C N N È I
K K W À Ú C R E M A À S Ç O V A
S V Ï P S R Ú Z C E B O E Í Y H
O L Ö B O Á Á S T A Ç U É O X Ç
```

## #62

- ARTEMISA
- NEIVA
- TRAGEDIA
- MOTOCULTOR
- MAYORIA
- ALBARRANA
- GRANJA
- FRÍO
- QUIMERA
- ÁTOMO
- GRECO-ROMANO
- OBOE
- PECTORALES
- EDREDÓN
- COTIZACIÓN

```
T Z J M O T O C U L T O R Î Ó Z
R G R E C O R O M A N O P N T Í
A U È Í E Ú G Ç P G N D C V O Ï
G Ñ O Á X Z À Á K Á Ö E Ó N X A
E I B À L C O T I Z A C I Ó N L
D Z Á C È O D O Í À Z S Ý V Ï B
I G R A N J A M A O E S E F A A
A R N X A I Y O M L Ç O L E È R
N Í Ó É R R I M A É B S N D U R
Y È E À Q H T R A O R F Ö R Ñ A
S Í E S C Ó O E Í Y C Ü X E C N
Í Í K W Í T Ó Ñ M R O X Î D Ï A
L B I H C Ï X X U I Ç R F Ó I Î
C Z Y E G V G L Î I S U I N B X
Á X P D Ö É B W Ñ Ñ C A A A U V
Q U I M E R A Ï L D Z Ö F R Í O
```

Page 32

## #63

- FARMACIA
- IMPRESORA
- AGUA
- DIVISA
- ABADÍA
- MALO
- ATQUE
- TALENTO
- HORTALIZAS
- AXIS
- HONDURAS
- NINFA
- CORRECTOR
- BOCA
- SEMBRADORA

```
M L L Ç T S E M B R A D O R A Ö
A J S C H K A S N A Ç I Z G P Á
L C Z X W O A B U L G Ç H J Ú U
O R O Ó F R R Ó A É Y U Ñ T Î Q
S T Ü R U A P T Ñ D Ï Ü A Ý F K
Y Ñ T D R R A A È Í X F K È R
U I N A É E À M Ç L E A X K A Ó
S O M R L Ó C Ú A Y I Î H F M Á
H H R P B E Y T Ý C V Z N R È A
D J X B R Ñ N I O W I I A D A Ü
Y I O G Q E C T A R N A J S X Í
Z A V G E A S Ñ O B O C A Á I V
C K D I Ñ N T O V T L Á V T S W
L È K A S À C Q R Ú O W U Á E J
L Î E E Ç A Ý Ö U A S P G K X Î
Ý B Ü Z U O E P R E E W I A S C
```

## #64

- FUSIBLES
- CAMILLA
- BLEDO
- SILLÍN
- CÓRDOBA
- AMOR
- COREANO
- INGLESES
- COMPLEJOS
- BROCHE
- BANCA
- ENFRIADORA
- HEFESTO
- AHÍ
- DESARROLLO

```
I D E S A R R O L L O X Ñ M É Y
R B A N C A D V Î L É À M Ñ S Ó
A W C A M I L L A R S Z Ú E H Î
W G L Q Ö Á P M S P I V S U Ý Ý
F U S I B L E S I Z L E H K Á C
P T Y E G Ý À À O Z L À Ó C M O
H Ó O M N D Ç D Í G Í È M Ó Y M
E F G T T F E Ú N A N Ö Ï R O P
F À Z À C L R I Á M T I À D C L
E P Ý K B O R I J O S G Ç O Ú E
S P J L Á C R É A R Á S X B Ï J
T Î S È J G Ü E C D N Ç Ó A À O
O A À E Ü Ó P C A É O F M È Ó S
S E H P É O Z À K N Ñ R Ç Ñ Ö M
Y È À Í Î S G X Ó Ý O G A Y Ç M
P È I B R O C H E U I Y E À Ç O
```

Page 33

## #65

- [ ] BURUNDI
- [ ] CENTRO
- [ ] ALIMENTO
- [ ] DENEB
- [ ] FRACCIONES
- [ ] INERCIA
- [ ] NAUTA
- [ ] MUON
- [ ] PALADAR
- [ ] TIJERAS
- [ ] GOMA
- [ ] NEOCÓRTEX
- [ ] POLIURA
- [ ] VESTUARIO
- [ ] LICUADORA

```
O S È Ç T R G Ö O H À W É Y Î Ï
X È M Z A B O N A U T A K Y R Í
L É P À T K V Y P I R Ý L S E O
D Ý A A Ï T O I F O B Á À W Í T
G J L Ö V R É W D S L T O R P I
O E I Ï T V Q A E I F I B M Y J
M Á M N Ö X U N D U R E U Ö B E
A Ó E T Z C O N T A N À Q R X R
V C N H I I U Î U E N T Ó E A A
Ó J T L C R N T D Ç J I T R H S
S M O C U F S E U V J R A Ó O P
H Ï A B U E Ç B R B Ó D Ó Q Á V
P R Ú L V G Ú E Ý C A F Ý É Ö Ó
F M U O N Q Ú Í O L I À A Í M I
I I W Q Î V Y E A P Ý A O A Ý Z
A Ó Ï Ç È D N P S T C A X I F Ü
```

## #66

- [ ] BIEN
- [ ] COLESTEROL
- [ ] HISTORIA
- [ ] PÁRRAFOS
- [ ] CHETUMAL
- [ ] GASA
- [ ] BOSÓN
- [ ] TARJETAS
- [ ] GUSANO
- [ ] BLANCO
- [ ] BIOSFERA
- [ ] YESO
- [ ] SILLA
- [ ] GALÁPAGO
- [ ] RECURSOS

```
B L A N C O Z P Á R R A F O S I
P T A R J E T A S D M P À T Y Í
O Ç C Ö Z B D S X H Î T O C È D
Ï G Ö G Y É G Ö N N C N É O Y W
C E R T L J Y E S O A G Ó L M V
F H X Ó Ó À U L A S N A J E C P
Z Ö E L Ï F C I U Ó X L Y S É T
D A Z T B Î R G L T R Á R T T É
I B Ñ L U O S I L L A P E E L H
Ö K O U T M E Ö C Ç B A C R V Ü
Ï D Ö S D F A Ï S Î G G U O P C
Î Ç I Y Ó B H L Ý W A O R L E Ö
I H Ñ Ö Í N I Ü B K S O S G C É
Ï B B K Á Ö Î E P D A K O S W J
I Ý P É E C Î É N H À K S Í G A
D È W B I O S F E R A L Y É S X
```

## #67

- COMETA
- GEN
- FRONDOSO
- FRASES
- GARCÍA
- CERTEZA
- PLUMÓN
- REGIÓN
- REBECA
- OBSIDIANA
- BAHÍA
- PARABRISAS
- JIRAFA
- SALTA
- GRANADA

```
W Q Ö M G R Z E Ö M D L A Ü A Q
S Y C B K A T Ú S T L Î Ó A Z Y
Z U E O O É R F N A Y Ñ D K N X
F Î F F M A Á C Ú S L A E T Î Á
È Q Ü R C E Î Y Í À N T Ö F Ï U
V Z Z E A M T C G A Î G A R D W
Ö Y B F Ý S P A R Ü S U E O Ó I
Á E Y B A Ú E G Í A X C Ó N B N
R C M F Ý B C S S G Ú Y N D T B
Ö Ý Ï É T Á N I A Ó Á Ó Ñ O J A
Ü Í O Ï É Ó R Z T Í Ï Ö Ó S I H
H U F K M B E Q V Ö É Ö Ñ O R Í
Z R S U A T D R E G I Ó N O A A
V Ü L R R Ú T Ö B Ü T N M Q F T
W P A E O Ü O À I Ó Á É Ý A Á
M P C O B S I D I A N A C À À È
```

## #68

- DIGNIDAD
- DIAPASÓN
- CIGALA
- LIEBRE
- PUNTADA
- CIAN
- PRENSA
- HIPERBÓLICA
- LISTÓN
- HAYA COMÚN
- EMPASTE
- CITOLOGÍA
- BATAS
- ESCOBILLAS
- PROPIEDAD

```
Ñ B U B Q J Ñ B R Ú S Ý Î I A E
E Á C P R O P I E D A D C B Ö Ç
S Ý D I G N I D A D K C V Í O Ó
C I Ú Y H Á W E P C Z I I Ö Y L
O N A K R U È B H U I C Ó A V K
B Î E Á G X È Ú A À N G À X N S
I Ö X P Ó À À Ý Y Ú H T A X C G
L Î F R B A I I A L R G A L W C
L A E E H B Ñ D C I K M U D A I
A I Ç N Y A Y Ç O E P W Á N A T
S Ç P S E T U V M B F Á Ó À Z O
N V Y A U A À G Ú R M T A C F L
D I A P A S Ó N N N E S M Ö Î P O
E M P A S T E Ú Í I C Ö Z D Z G
W T Z V L Î N A L Ö J Z G U Ç Í
Ñ S H I P E R B Ó L I C A Ï Ú A
```

## #69

- OVINA
- CALATHEA
- HUSTLE
- CICLO
- ROSA
- PLOMO
- PIPETA
- RESPONDER
- DIEZ
- DANZÓN
- MAUNA LOA
- VAINILLA
- CAFÉ
- TIERRA
- MONTREAL

## #70

- FOTOS
- CEMENTO
- ESCALFAR
- CULTIVO
- HUECO
- PAPEL
- HOSTIA
- LENGUA
- LUNA
- CAMOTE
- ARROGANTE
- ENLUCIDO
- PASTELERÍA
- CONOCIMIENTO
- BASASEACHI

## #71

- LIBRETA
- AMAR
- PROYECTOR
- MOLÉCULA
- FICHA
- VENTILADOR
- FLASH
- NEURONA
- ÁTICO
- CUEVA
- COMPETIR
- CALDERA
- LLUVIOSO
- MAGMA
- ESTACIÓN

```
L Í T Ñ P R O Y E C T O R Í È Ï
Ï M V X C O M P E T I R N L R Q
O G O S A E A F S T Ö Ó I M V H
Í M E L L M Í G F È I U W C É É
Z N A Ñ É O A Ý L C Ñ Í H A P L
V Ó É À M C A R A Î Ý D U L Y À
E Ú Ç Í A S U T S Á J Ç Q D V À
N Í Q R G O S L H G T X L E X S
T W Ç N M E E Î A U K I F R Á O
I Ú U H A E N Ü C Ö Ý H C A S R
L F I C H A E V F A F Î T O A T
A I Ç L Ý Ú Ú Ú I C R Ñ I V Ç Ï
D B Ú L I B R E T A Ç V E G D T
O D Î Í Ö À O V Ü Ú U U V Z Ñ Ö
R Ï À Ñ Q A N S Ó L C K Ó T E O
L V Á K N T A A L À E K K Q J R
```

## #72

- MONTAÑA
- CIRRO
- TRAPO
- BICICLETA
- RADIADOR
- FRENO DE MANO
- AMPLIFICADOR
- POCO
- VOLCÁN
- TIERRA
- ARTE
- PRIMA
- FLAUTA
- ALFABETO
- VIOLETA

```
B I C I C L E T A Î S V T R Z Ö
Ú C U R O Ü B P T O Ñ I Ç A W P
Z K É G O Ö C I R R O O V D P A
N P O C O P A L D N N L T I Ç M
Í È R Á M Ñ J À N Á B E R A E P
S Ü Z Ö A Î Ú Ú C À G T A D Ý L
Ü A Q T X Ú I L O B G A P O P I
L F N À Í P O T W É L Ö Ö R R F
È O Á S D V E H A Á X Ü C È I I
M O Ú H Ü B T R É F À Î F A M C
Ñ F W U A S R P U F Ï É T Î A A
T V Ú F G E Z W É T E U É A C D
P I L A I Ý É S Ö D A R T E H O
O A F T P W Ú Ï Ú L K Ü Á W D R
N H Í D Ú O Á U F P Ï K D S D M
X M O Z F R E N O D E M A N O T
```

## #73

- GALLETAS
- BAJO
- JAMAICA
- ACTIVO
- FEDERICO HEGEL
- OBSIDIANA
- ILIÓN
- ÁNGULO
- TALADRO
- DINAMARCA
- CABEZA
- PIANO
- TEJÓN
- LÍNEA
- FILA

```
F E D E R I C O H E G E L Ï R D
L B V Ó H O A È Ö O U O N K Z I
Ý Í Ö U N A E K R É Y Ó M J J N
J J N A Y L Ý D È P I J Î Z V A
A O I E E V A Ç D L F M E Ö E M
M P B À A L X R I P K I I Ç Q A
A U I S A B Î À Í F A C L T U R
I B Ü T I Í Ö Ý K Z X O L A Q C
C I A P D D P Ç E T V Ö A S S A
A G Ü J K È I B O I E B Î A V D
G K O Á O F A A T C À J T Ú K S
Ö C Á N U C A C N J É E Ó E Ñ D
Ç C E G B Ç A P T A L S H N È K
K B K U R R À O I L Á K Ç È C A
Ú É T L Ý É N É A T Ý H U Ç Y F
F Î Ö O Ï É V G Ü A H F E D L K
```

## #74

- PEPINO
- ABEJA
- BLOG
- BUSCADOR
- ATAQUE
- MONCLOVA
- RESISTENCIA
- MEDIEVAL
- LACTEOS
- ENSAYO
- DIÁMETRO
- COLCHÓN
- RENÉ DESCARTES
- VIGAS
- MEDIO

```
Z Z B W É Í À K N Y U H N Ó Ñ
F B O C M C S D G Ï Ý G D K B W
B Ï I O O X F Í Ý Î Y H A È É S
J J Á L N H O P D P Î À B Í R Y
N H T C C Q Y X V Í Ñ V E Ö E R
L Í L H L N Ö B F I Ï N J I N E
I S S Ó O T G D U Ç G D A U É S
À E Ï N V Ö S X O S E A À L D I
Á C N O A O P È M Î C Ç S G E S
É F N S E T M E Ú L J A O Î S T
È K T T A È A E P È N L D Ñ C E
Í H C I Z Y K Q D I B Ç S O A N
Ö A R H E Z O N U I N È Á Ó R C
L M E D I E V A L E O O L Ñ T I
F V C À F X À Ý B P Z Ö C Ú E A
P F Ü È E M D I Á M E T R O S T
```

Page 38

## #75

- OVEJAS
- ESPÍN
- HELADO
- ROSA
- BARNIZ
- AHOGADO
- ROCIADOR DE AGUA
- RESIDUO
- PADRASTRO
- COLIMA
- PORTA LAPTOP
- CORREO POSTAL
- EMPRESA
- VENAS
- TELÓN

```
P A D R A S T R O W V Ý Ñ W R È
Ý M Z R Ñ Ú P O I Ö Ú E P S O C
R È Z À W Á O P V R C E Q O C O
H X Y N A T R V Ç X Z T U H I R
O E Í O H X T N E P H D D N A R
Ç Î R X O Í A X R J I I Ó B D E
Î D O M G R L Y Î S A L A D O O
È Z S G A E A U E M E S Q J R P
O N A Ü D À P R I T E S O V D O
C S Î Á O N T L Í R Z D Z E E S
I Á O Ü Í S O N P I A S Ñ N A T
S N R P U C P M N L Ú Y F A G A
É Î S Z J Î E R E P U Ñ Ç S U L
Î E R E C E A H V Á Z W É Ï A Ñ
Y Y B Q Ö B Ñ Á Í Ï H N U B Î R
A A M R Y C A Á W S W H R I Q Ý
```

## #76

- SUSTRATO
- GRISALLA
- LAGOS
- ANTIGUA
- ESTRELLA
- SOLEADO
- TOMILLO
- CÉSPED
- TOALLAS
- BARTENDER
- DACITA
- AMILINA
- PERSONAJES
- CARBÓN
- CADENA

```
Z A A T Ï W P Ü L W P M M Í Ú C
Ü R U O É P E R S O N A J E S V
W Ý R M M S Á G D T M Ý G I O P
Q Ö Q I E K U A Ú H O Ç Q C È À
Ü È E L M J E S W C G A W N E K
B A S L V L N M T Ü É J L P H A
T N T O O V Ï Ñ Î R Z S P L N I
W T R S O J F O B H A È P I A É
Ü I E G C D A C I T A T L E L S
Í G L R W A S Ï G G G I O B D C
À U L I Q O R K É Ï M L P T A A
L A A S G U R B E A Ó S O X P D
N P U A T F S Ö Ó C Ñ Ñ Î M Z E
Ç É L L S N M D R N J Ü P Ö I N
Q Ñ A L B A R T E N D E R B É A
È D Q A Ü Ó X Ü O T Á Ü Ç Ç Ú N
```

Page 39

## #77

- AMOR
- TEMBLOR
- ASOCIACIÓN
- FUJIYAMA
- MALESTAR
- PRODUCTO
- MERCURIO
- ALLÍ
- CONSULTORIO
- EDUCACIÓN
- LIMÓN
- NADA
- LIMONADA
- LÁCTEOS
- CANTERÍA

```
D K J Ó F L Á Á A Ú L Î V H É
L C O N S U L T O R I O Ü J L Ö
Ñ M I F U J I Y A M A D E Ö À Ñ
H T L È Z Ú M E R C U R I O C É
Q E I M T E M B L O R Ý Î X T E
E D M O B P O P I W N X P Á E O
À U O H C O W N Î G A M Y C O Ï
C C N S V C Ú H R W D S Ö R S Ü
P A A L Q G T A Z Í A Z Ö X N Ú
R C D A C M T C A N T E R Í A G
O I A Ï M S B A È T I Î N À L Ý
D Ó N H E O F D L Ó A Ó È I F Ï
U N E L I À R L Î L M È Ü G D Y
C U A È Q K L G R I Í Ý Ç A P N
T M À È Ñ F G Ú L N Ý Ï K À C Ñ
O L N Ñ A S O C I A C I Ó N É B
```

## #78

- CALCO
- GABARDINA
- AFÍN
- REVOLUCIÓN
- POLICIAS Y LADRONES
- HINOJO
- MANGA DE AGUA
- BOTA
- YEYÚN
- TRANSDUCTOR
- MARGARITA
- WHATSAPP
- ADJETIVO
- EPÍFORA
- GUANTERA

```
À È À Ü M H Ü Ý Z A É P G Ó Á B
P I Ï Ö Ï A S Ñ O À Y R P R Ý D
Ý R L Ç U N R C Q G E D Î E N K
S B O T A P L G È Z Y L Y V T A
S É B L X A Ñ Z A Ö Ú F M O R A
G L B Ó C Q U P Ñ R N H A L A G
A J V O Z J W Ñ T Ï I Ç N U N U
B H W F Q Ú J N J O Ö T G C S A
A Q K É Î P Í O J P Ç Y A I D N
R Î Ú I F F Ñ O Z Z X È D Ó U T
D Ü À Ñ A Ý N P I U N D E N C E
I O S W Ö I J S Ï U K N A U T R
N R P Ó H Á U P X Q U Ú G E O A
A P Ü É E P Í F O R A C U Ó R È
H J Í Ý A D J E T I V O A A U N
Ï È J W H A T S A P P P Ï O É T
```

Page 40

## #79

- BUFANDA
- DEJADA
- BIZCOCHO
- COBIJA
- CHONGO
- ACIDEZ
- PAPEL
- ENTRE
- CANELA
- ALMENA
- AZADA
- ANA
- DIBUJAR
- MEDIATRIZ
- OPTIMISTA

```
M M H F B U F A N D A H N C U C
A Z A D A G K C B B Q K I Z A W
H M P A P E L L G T A E T A I R
I T J Z C H O N G O N W X M W Y
X M C Y N B M G R D A B X Y X P
W E A B D X M L S T E C A Z G Y
T Z N C S B Z O F Y N A Z A S A
P Y E I Q C H D W A T I A A T T
D F L F K C R A W X R B N S R R
D D A T O A D C K T E E I L A C
J Z X C J A R Q A O M M Y O C O
O W Z U J A T I B L I O N F I B
K I B E L L D C A T T P H J D I
B I D H I E Y R P D K E U C E J
D C C M M H X O A V U J L G Z A
J A S W M L J S A T H Y H Z U D
```

## #80

- CAMINO
- POLÍGONO
- TIJERAS
- BAILE
- AUTOPISTA
- MESA
- CHACHACHÁ
- BOTÁNICA
- CASCO
- LOMO
- CINE
- HELICÓPTERO
- MEDICINA INTERNA
- DEMANDA
- MANIZALES

```
Á E T C T È Ï Ú D E M A N D A K
X Ï C Ý A C H A C H A C H Á C Ý
T Ç I E Q D X W P A Y È Ú Ñ Ñ Í
Y Î N Z E X Z Ç Q O Ü Á Ý Ó A C
V Z E W H Y Ö J Q J L Í R S V J
M A N I Z A L E S V O Í E O X C
D Z T I J E R A S N N M G T U A
B E Y E Ñ W X X I E X Ñ Ý O T Y
Ö O Y K H Y È M F E Ö T M S N Q
L T T S È F A Ö F P Ñ F I È Ö
V X Ö Á Ö C Ú H Ï À V P Ý R O Z
H C Í Á N B A I L E O G Ü G O Ï
Ï Ç H E L I C Ó P T E R O C K D
U C H A Ý B C X U Ö É L S Ö Q Í
L C Q Ü L W H A T E V A A N Ö X
Ü È F É J L O M O Ö C Ö D V N Z
```

Page 41

## #81

- ANDADERA
- REA
- INDIGNACIÓN
- TROYANO
- CROMOSOMA
- VIOLETA
- RATONES
- DEPORTES
- LIBERTAD
- GENOTIPO
- CHICHONAL
- OBERÓN
- CAMPO
- MAPACHE
- ROSCÓN

## #82

- DESINFECTANTE
- DURO
- CRECIMIENTO
- SALVO
- IRA
- QUIZÁS
- ZAPATOS
- ACULLÁ
- YOSEMITE
- PEÓN
- COJÍN ANTIREFLUJO
- PÁNCREAS
- AGUA MINERAL
- BUJÍA
- NEBLINOSO

## #83

- AMBULANCIA
- OCÉANO
- ADUANA
- LIEBRE JOVEN
- ÁRBOLES
- ILUMINADOR
- RÉPLICA
- PLUTÓN
- TRAMOYA
- TRINEO
- OVARIOS
- HERMANO
- CIRUJANO
- CAMALEÓN
- FRISO

```
P C C W Ó C Z C T B M O Ü E Q Q
W R X C D Á Î È B R Ü V I È À N
T H Ú H I L U M I N A D O R E V
È Ú Ö R É P L I C A Z M Ö V Ñ Ý
R C A Á Q Ú Ç I Ó Í V P O O E Á
E I D C O V A R I O S J Ó Y Ý M
F R U A Z V W Ñ T P E O E Q A K
C U A M O T B Ó K R N C Z T É Ó
A J N B C V Y O B A F Ü S Á Ñ U
M A A U É S Ç E M X O R F X D I
A N O L A Y I R J E Ú Ö I Á E T
L O Z A N L E Z N Í E B C S Ï W
E Z E N O H Ï I V S B R X M O H
Ó H R C Q I R Ý Á R B O L E S Ç
N A Ó I Ü T C P L U T Ó N B D Ý
Q Ç Î A È Ï M J À R N Ï S M Ý L
```

## #84

- PULSERA
- CIERTO
- AJEDREZ
- HIPEREXTENSIONES
- SECUENCIA
- ENTOMOLOGÍA
- ENFERMEDAD
- MÉXICO
- EPÍTETO
- MATERIA INERTE
- INDIGENCIA
- CUBA
- CASCABEL
- ÓNIX
- MINERAL

```
F É É É I N D I G E N C I A F Z
Í M X S Ü Ó Z C U B A M Y W Î I
E B L W N M U Ó N I X V Î B Ë E
N X E N T O M O L O G Í A J T W
F C A Z W Á A T N P X N K R I Y
E C I E R T O J À M I N E R A L
R E X S J K Ú O E V G N Y E B S
M U Í E H B C Î Î D I I N À F E
E W Ï Y À I Í R J A R Q À L Ñ C
D P I P X Ç W E I S B E E Ç Ú U
A U T É Q Ç Ç R P P M B Z Q Í E
D L M J S X E D Z Í A O P Z A N
H S E V H T B L O C T P Ñ X E C
Ó E É Ó A L Y Ï S È Ú E A D O I
Q R C M H E M A Ï X W S T H W A
I A Ç Á Î Ó C È C Ý Í Á Z O Y E
```

Page 43

## #85

- MORELIA
- ALVEOLO
- ÓPTICA
- MÚSICA
- ONCE
- TERREMOTO
- VULCANO
- LAVA
- TERMOTERAPIA
- MONUMENTO
- PERRO
- GATO
- ARCADA
- LA PLATA
- JAQUE

```
Î C É S X È M C X Ü Ö Z N O U Ç
Í P W Ý N K Y L D È Á V T F T Ç
U Z A Ü Ó Ö J Q Ó Ö A A D A N A
K V S Ö M T A Ó L P G R I R È Z
L A V A O E Q É Ö Ç T L C W G V
H Á T Y N R U C O Q E I A A W S
F Q E V U M E C Á R À Ñ C Ï D M
Ç L R U M O J J O Ü H P L A Ý A
O A R L E T M M V A Y À A Ó Ú Y
Ñ L E C N E Ú Ú I L É Í K Í D S
Ï V M A T R S Ú L A P L A T A S
F E O N O A I P E S S A Î E K Í
Ü O T O Ú P C À E O S H O M Z P
Ü L O Ï É I A J J R Ö W N Ö Z N
B O Ö Á È A Ú Î Z È R R C B L Ö
W Ñ Ó Y P Ý U È O P Ñ O E Ý Î Ç
```

## #86

- GINECOLOGO
- CEPILLO
- ORÉGANO
- ÉTICA
- ABRIDOR
- ARTERIAS
- POSTE
- ASCLEPIO
- TRONO
- CONQUE
- BERROS
- ACTA
- POSTERIOR
- DIORITA
- TUYO

```
Î F Ú L Ï W N V E È É I J Ý A L
Z V E C À A E B U K D Í O C Ú Ñ
Z B S W E Ñ C V Ñ X R N I E P K
P N Y K V P É T Ú Y A T O T Ñ Ú
O E M É A G I A A G É Ï P R Ç T
S B V Ñ Ý U T L É Ï T X Ç O M W
T Ó L A A I A R L È Ç U Á N I B
E N Q J R B O S B O K I Y O L J
R M G O C T R V C E V P X O È G
I L I Z E O E I K L R Z O B U X
O D Ü S K T N R D N E R G S Y Ö
R H Q N É B É Q I O D P O Ï T E
H Ñ T Ý W J È Ö U A R Á I S E È
T A K Ú Ó I Á M Ç E S Q Z O Ó E
N F I Ö P M G I N E C O L O G O
T A Ö T W Ü S P B Y Î Í R Ý A N
```

## #87

- ANDRÓMEDA
- GUIONISTA
- SAMBA
- GRANIZO
- CARO
- CLARAMENTE
- VACUOLAS
- SWING
- VELLO
- VERDURAS
- SABIDURÍA
- PLATEA
- HUERTO
- RIEGO
- DERMATOLOGIA

```
Ú Q G N A H G U I O N I S T A H
F Í A Q R Ü U U B Ö Z O G Y T S
F Q D N C S Ú E U O R H D S Z I
X À C L Ý Ï A L R A Á E Î O Ý D
Á F Z L J W Ñ B C T A Ü Z Q R E
G Ñ S Á A É K O I D O I I R H R
C M E F T R L S E D N Ü G I Z M
Á A C G V L A M A A U S Ñ E Ó A
G X U Á E D Ó M R M A R Í G T T
T U H V Ü R Ü G E R B È Í O P O
W Î P Ó D Q Ç Ü U N A A Ñ A L L
S F K N Ï Ó H D Á Ü T È J Q A O
À W A C Ö Í R I V Y P E T Ñ G
W É I Í Ï E V A C U O L A S E I
É J N N V L M N È Ï Ü U Ö G A A
Ö O D U G Ñ Ó À Y L Ú Z Ï Ú Á M
```

## #88

- ZACAHUIL
- VITRINA
- REVISTAS
- MIEDO
- ABDUCCIÓN
- CUENTO
- CIENCIA
- SIEMPRE
- CEMENTO
- CORTINA
- GRANDE
- VESÍCULA BILIAR
- JUEZ
- HIERRO
- MUÑECA

```
Ñ R I R M Ç Z Ñ E M Ñ W F E U B
C Ü C Ñ Ü I I V G C J P D A E Ü
U U P O T É E G Ç Y I N Q B P À
E H I E R R O D P X A E G D S C
N Ç K R É T X È O R M Ú N U P Á
T Q E É E O I I G Ñ Z Z S C M J
O Ó Á A Z V J N K R Ú A I C I W
M Á U X O B I U A G M C E I X A
Î U Ü Q B C V S E Q À A M Ó Í W
W Î Ñ Ñ Y B Ü I T Z H H P N Ö Ö
V Á Ý E Ü T L Ó T A K U R O D I
Y È Í I C E Ý É G R S I E L Z Ö
É T É Ý Ý A M À Z M I L Î B Á Ú
Z E C E M E N T O Í V N B D K A
A Ú O A O X Ý Á S É K Y A J D V
Í Ü V E S Í C U L A B I L I A R
```

## #89

- REDUCCIÓN
- CONDUCIR
- OFERTA
- ACASO
- FRÍO
- HÚMEDO
- RELIGIÓN
- CHARANGO
- CURANTO
- BAJO
- ANCLA
- SALTOS DE TIJERA
- MONARCA
- MEDELLIN
- TORO

## #90

- DETIAN
- TUNDRA
- NAVEGADOR
- BARIÓN
- LLEGAR
- CONDOR
- GLOBOS
- DIENTES
- PARAMÉDICO
- COLORES
- GUIRNALDA
- AORTA
- NATACIÓN
- NARCISO
- TOALLA

## #91

- GALAXIA
- VERTEBRADOS
- ESOFAGO
- FRESCO
- ELEGÍA
- HIDROSFERA
- INSULINA
- ALGUNA
- PERÚ
- FLORES
- LAPICERA
- EDITORIAL
- TESORO
- SOLDADURA
- TOSTAR

```
V L Ó Ï E I A Z Î T C Y I E È Ï
S Ï L W A Í U K N F R Ó N C É T
R Í Ö E M Ï Ö K N L G Ú S X P N
O E P E Ú I W Q T O H T U W I I
W L E L S T U D X R Ý E L Y Z U
Ç A R E P O Z À Ü E U S I R P G
M P Ú G O S F P Z S G O N Ö Z N
J I Y Í V T T A À E F R A G J A
C C Ï A X A K E G H I O Á A T P
Ý E V Á I R Ý F D O I Z Ü L V C
Á R É D U A L G U N A F B A J E
T A É H I D R O S F E R A X Ï V
S E Ú X E D I T O R I A L I N S
T Î S O L D A D U R A É V A I W
Á F R E S C O X Í A Î R I X É O
K À F K V E R T E B R A D O S A
```

## #92

- SISMÓGRAFO
- FLATS
- AHORRO
- BORRÓN
- PERICÓN
- ACREEDOR
- BOIGRAFÍA
- LÁTEX
- FLAN
- CUADERNO
- FLAUTA
- CHIHUAHUA
- PICANTE
- DEPRESIÓN
- ASILO

```
É W F Ü M B È C U A D E R N O T
Ö M L R À Z R À È Ú K A Í Ý O Ï
V F A N Ý S I S M Ó G R A F O W
D I N D E P R E S I Ó N L M K C
È Ú Ï À G P Ó Y À R E F Á È C H
K U Ñ M É Z N Ó O T Á N T F G I
P E R I C Ó N D N Ñ E K E V F H
H R Ñ B Z V E A Z D C H X Í O U
À Ó O Ñ O E C V È Z Î Y È L B A
B A H Î R I O Ñ X U F U I Ü C H
W È Í C P R G E U N L S N T Z U
I É A M R B Z R Ö Î A È U J H A
G È I O N U Î Q A I T S B Y À É
F A H B Ó È R Ï M F S P R A U J
T A U B O R R Ó N J Í F U Ï Ú V
A F L A U T A P Z Z K A V Q Ç T
```

Page 47

## #93

- [ ] EJERCICIOS
- [ ] ZORRO
- [ ] ROMA
- [ ] DURANGO
- [ ] ESFERA
- [ ] AEROPUERTO
- [ ] HÁBITAT
- [ ] GRAVITÓN
- [ ] COLIMA
- [ ] SUSHI
- [ ] AMPOLLA
- [ ] LIBROS
- [ ] HERMOSILLO
- [ ] PRODUCTOR
- [ ] ATRIO

```
A E R O P U E R T O Ñ F S S H J
J E S F E R A Ü K C O O O O È D
E P I Ü Í A F Ï Ú L R I R À Ú D
Ü L Ï È U È Ñ C L B C R N Ú O Z
K É U E R U Ï I I I O Ó D G B Ý
M Y P K É Ï S L C Z T I N B V M
O É R J Ý O Í R Ö I H A I X Ñ T
Î D R O M A E V V S R C Í A A T
U Z Á R P J Ç A U U R Á L T Î U
É I E Ü E N R S D L X L I Ç T T
Ü H Í G Ï G Í À Ü M O B N Ö Q Ü
Ñ A T R I O Q L B P Á É Ï Ç Ï É
C À U E Í W T Q M H Q R É D Ý Z
Á Ü K K À Ú Ü A Ú C O L I M A S
F F W P R O D U C T O R Í Ñ Î X
Ú E B À Á T Ú Y Ý Ñ Ñ Ö C E N V
```

## #94

- [ ] PRAÍZ
- [ ] JABALÍ
- [ ] TEUTONES
- [ ] CANCHA
- [ ] CARTERA
- [ ] CARIOTIPO
- [ ] EUROPA
- [ ] MERCADER
- [ ] ROSARIO
- [ ] MARISMA
- [ ] SUTURA
- [ ] HIPÉRBOLE
- [ ] LACROSSE
- [ ] PEGASO
- [ ] MUSICA

```
W N O M Ü J Á T Ó P Á D N Ö Ñ Q
T R Ñ U É X U L H Î R Á S X M L
O E O Í R F M U C Ü Ñ A À B E Í
S É U S È Ú Z Y À F V Ú Í E R Á
Ó N Ñ T A P E G A S O Z S S Z C C
È G C U O R U Z Á F H S Ï X A A
J E Ü A P N I Ç R Î O O L X D N
A A U Ý R Y E O Y R Q A E Í E C
Y M B R B I É S C M R Á Ü T R H
È M A A O M O A Ï U U À H É U A
Y G P R L P L T T Y H S P À B W
Q Î K Ú Í Í A U I N F Ñ I T P U
K Ç D É D S S Í Î P W À Í C C S
Ý Ö A Ú I Í M A Ç Î O E G Á A Z
Á T Q T M F D A Ö U N Í K Ñ M B
C I F P È Í É C A R T E R A A Ñ
```

Page 48

## #95

- REGALOS
- SEGURIDAD
- TURISMO
- GABRO
- APRISA
- COLIMA
- COMEDIA
- QUANTO
- JUGO DE REMOLACHA
- GORILA
- MANUEL
- QUERÉTARO
- DIGITAL
- MÉXICO
- DESMAQUILLANTE

```
Ï Î U Q U E R É T A R O Á À S T
A Q J É T U R I S M O O H Ç F T
C D Z X E W M A N U E L J U T E
N E T Í Ó K M Ö B E B W Q X Ü Ó
Ï S W N Á I Q B Á À K Ó N D È Î
X M Y E L L K U D Ï Ú Í U M D Ï
W A Y O Ü C A É A I T O O A O S
D Q C É J N Ï B A N G Á D Ú Q È
G U Ñ B Ï Z Ý Ï Q P T I N Ú V C
O I R E G A L O S G R O T Y H O
R L L Ç Y B O Ñ F U M I Ü A P M
I L É S E R N T G F Ï É S O L E
L A X F B S Ó E H X F L X A Ú D
A N Ö A Q H S F Ú X K Ö Q I Ý I
Ï T G L Ó X U È E U O P B E C A
Ý E B S S V V Ó À G N Ü È W P O
```

## #96

- NÚMEROS
- RIMEL
- CITOPLASMA
- GRADILLA
- EL CANGREJO
- ESPINA
- MOCHILA
- TOSTADORAS
- TECHO
- LINTERNA
- COBERTURA
- HIELERA
- CÚCUTA
- TIJERAS
- ORTOPEDIA

```
A Ú T Ö È K M Á È U W Í P Í N É
D I Z D Z A E O G R A D I L L A
Y U V U T J C Á C Á H P T H C V
B Ö Ñ U C D Í X A H L W O Q I O
N C C F Ú Ï É A Ý E I K S F T R
Í Ú S Y G Y N N M Ö Ó L T H O T
C F Ó Z C I G I È À Ç Ç A I P O
À U E O P O R D H È T Q D E L P
P Y T S G Ï B S U A A T O L A E
Á É E I Y Ú O E N V Ý E R E S D
T U J Ö J R B R R Î Q C A R M I
P Ñ K Ú E E E Z I T Q H S A A A
L Ú À M Ó T R Ü P Ñ U O E O Ü Í
W U Ú Q N K K A Ü H È R L L J B
A N F I Q Ï V Y S B W D A C Ó Z
T Ö L G L E L C A N G R E J O R
```

#97

- LEY
- CHEF
- CLAVÍCULA
- CHICLE
- MACIZOS
- DOBLES
- ZARZAMORA
- ARCO
- BATAS
- ENTRADA
- TOKIO
- PAIS
- ASADO
- PONER
- MORSA

#98

- ESTEREO
- ACELGAS
- FAGOCITOSIS
- LUEGO
- BRÓCOLI
- ESQUINA
- HIDROTERAPIA
- CNIDARIOS
- JABÓN
- FREÍR
- FRENOS
- FORRAJE
- DIVISIÓN
- SERRUCHO
- BERMUDAS

## #99

- SANDIA
- CUBIERTA
- TEXTO
- TÉ
- REY
- ANGÉLICA
- COMPAS
- AUTOCONTROL
- AVIÓN
- PRODUCTOR
- RESPETO
- ATOMIZADOR
- ESPECIE
- CORRECTOR
- SOLDADOR

```
Î V É Ñ Ý C È O R È Y Ó F Î A Ï
G F È P N I É N V E Ý Î Ö Ö V Ñ
L V X Ç H O Ú S R A S Y T W I V
N C O R R E C T O R H P Ý F Ó Í
J Á B Ó É A E U A L Ó R E Ñ N Ç
À G Ç C I I T C T Y D Ý N T Ú Ü
C S Í D C Ç I G O È D A Ñ É O Ö
A Î N E K L Y N M Ú A K D T A À
Ñ A P Q É C U B I E R T A O S Ý
S S Ö G Q F Ö F Z Ö À Ý B Í R N
E U N R P L R D A I C Ó W X Á Ü
Ó A L F É T P A D N C O U Ö R K
Y S C H T E X T O T Ï B M Z I I
P Ó Ý E Î L Ú Q R É P Q Ï P I Y
Ï Z Z L Ö P R O D U C T O R A K
W U A U T O C O N T R O L W B S
```

## #100

- BOVEDILLAS
- GIROS
- MAR
- ACTIVO
- SAN AGUSTÍN
- GANADO
- ORIÓN
- CAPELLA
- FUENTE
- JOSÉ
- EDRO
- DIÁMETRO
- COBIJA
- NEREIDA
- BUCEAR

```
Q L N E R E I D A Ï S W L R Ñ A
Z Ñ F Á S Ç X S G O Î É È H J E
K Y U I X R D C O E B W Á I D Ó
H D E O S Q Ï A I R Ï Î B A I M
Ï Á N Ú B K G C M Ü I O M J Á W
B D T F D Q W T B J C Ó I Ó M F
Ü O E Á F F È I I Y O Ý N R E P
Ú C V Ý Î H Ñ V Ü F Î Ý Ö A T B
L A È E R À Ö O Y Z Ñ Á F Ó R X
P P C B D V C N Ï F J W D Ú O W
Ý E Á Ü U I K G A N A D O A É J
A L Í É Ú C L Ñ M A Ö V W S G Í
J L B È Z Ý E L T A L É O E B V
Y A D E W Y T A A Ï R J K À J L
N W E D R O T Î R S G I R O S À
E M S A N A G U S T Í N O P N R
```

Page 51

## #101

- LECHUZA
- ESTRATOVOLCÁN
- ADUANA
- BICICLETA
- SIN
- FREIR
- SUPLENTES
- AVIÓN
- URANO
- ACTOR
- DESNUTRICIÓN
- TRAYECTO
- CIRCO
- AUTOR
- MONUMENTOS

```
Ý Y Ó I È Ý Î C K I É I S I T Ü
I T R A Y E C T O Z Í Ý U O T E
R Q È H V D R A R Î M A P H F Ó
A W K J J Í X F V R È D L T O M
C I R C O S W Q I I C U E Ú G O
Q Î V R L I R E É Á Ó A N B V N
P Ç R H E N R I Ç Ú Ó N T I M U
K T Á S R F B R Á Ó Y A E C A M
Ç D Z R H C X Ï C H È S S I C E
Y Á D X Î I Ü L N K N Ó E C T N
Ü L E C H U Z A H Î R É W L O T
P Y T K W Ý Á V X O R Í Z E R O
Z T Y Ü H À G Z T B À O E T Á S
Ü T Ñ I R E N U É R J U À A Ü T
K Í H È B P A Î D W U R A N O Q
D E S N U T R I C I Ó N M X Ç Ó
```

## #102

- NEUROLOGIA
- MAESTRO
- EMPANAR
- ÁNGULOS
- COMPUTADORA
- FIDEOS
- PÁNCREAS
- APELLIDO
- ACASO
- ELABORACIÓN
- ANFIBIOS
- PAÑAL
- ESTAMBRE
- PREGUNTA
- ALLÁ

```
E W É E C O M P U T A D O R A N
É A N F I B I O S Q Ñ R Z Í Î Q
T Ü Ñ Ú G Î Ü À Ó A L Ü W X À A
K G Í I Ú Y A B Ü P Z P Á B Ï A
E A Ç U D S C Ç Ú E N Á R E P L
L C É U É V A Î C L E N Ü S A L
A E U Z Y Q S Y Ö L U C L T Ñ Á
B Ç M B F E O V D I R R I A A F
O Ç C P Í I E P A D O E M M L Ü
R À Y F A S D T Z O L A A B D Ú
A É Á Á Q N N E O Ó O S E R A Ï
C W P M M U A Ñ O K G I S E G G
I T P À G Z R R S S I Í T G V K
Ó V Ü E N C N U E Ï A K R Ó J È
N A R C W V S R J Ü B Í O Q V U
Ï P H L Ó Á N G U L O S Ý Ñ U S
```

## #103

- GUANTES
- POLILLA
- VANCOUVER
- GÜAYABA
- LÍCITO
- ÉGLOGA
- ASTRÓNOMO
- REPISA
- JUSTICIA
- ABEJORRO
- TRATAMIENTO
- TERMOSTATO
- SINO
- PULIDOR
- FIESTA

```
G Q V A N C O U V E R H Ü O A P
É Ö Ö Q O É I Í Z D L Ç T C N Ç
È V H T M N G D A B E J O R R O
R U Z E Ü U É L G Ö M R A B Z S
F Á Ý R Á U W K O Í É P G Ç N Ö
O Ñ Ó M Ï R Á S Ü G Í O V O P Ï
Ç Ï T O I K E H A Q A X N J U I
M W P S J T Ï L G Q S I G U L M
F Ü F T N O L R E P S N Ü S I À
I C L A F I C H E X È I A T D X
E Ý U T L Q R Á D P A H Y I O Î
S G Á O Y L Á E Ú W I G A C R K
T Ö P V È L Í C I T O S B I K É
A P Ç A S T R Ó N O M O A A J Ï
L Ú O Q È Î C J D E J K D W Ñ
Ó B D L T R A T A M I E N T O H
```

## #104

- CINCO
- HORTALIZAS
- GENOTIPO
- TOCADOR
- DORMITORIO
- ANEMÓFILA
- ABEONA
- TIGRE
- VÉRTEBRAS
- BARROCA
- PERSONAJES
- EQUIPO
- RATÓN
- CLORO
- COCODRILOS

```
À F H V F Y G A B E O N A É N Y
P T C O F V V É R T E B R A S D
E C Y O R Ú P E R A Y E Ü W J O
R O T T U T É S P I T Ç É Ü Ö R
S C I Ñ O X A T V U W Ó Ç Q A M
O O G U Ý C C L O R O Ö N F N I
N D R H E C A G I È A È I O E T
A R E X Ó Ó Y D E Z È E V R M O
J I Î Ü S X H É O N A O R Q Ó R
E L Ö F F B Í Ñ N R O S N H F I
S O I Î C E Q U I P O T É À I O
Ý S Ç B I B A R R O C A I F L À
A J Á Ñ N K Ç P Ý Ç F Z D P A Ï
Ç I U Y C Ü F Ú X O Ý B A À O V
I Î P S O Ñ Ñ Á Á I U T C I B Ú
E E B I È B R Ü Ü È Ó Ï Ö È F Ó
```

## #105

- PASCUA
- TEMPLE
- RETROVISOR
- JABONERA
- SATURNO
- RECICLAJE
- KIMBERLITA
- CANINO
- PLATOS
- AMAZONA
- LECHUZA
- CACERÍA
- ENDOSCOPIA
- FALLA
- CARNICERÍA

```
R É Ö Á C A R N I C E R Í A D Ú
Q C Á Q X P Z S O V Ï Î L Ñ M Ü
E L A J A B O N E R A Z È Ë L X
N S Z C N Ü I Ü À F P Ç R Y E
D A Î Ý E N Ü G Ñ W P Ó X E R J
O T H T A R A J P R D I A C E J
S U É C O L Í X R Á È P M I T Y
C R Í R L W L A V T Ï L A C R Ó
O N I A Q L E X Î Y È A Z L O Ï
P O F È Ï Ó C T L È C T O A V V
I Ý É Q T V H È E Y Ö O N J I Á
A Ó I K V A U I J M Ï S A E S Î
D O U G R D Z O S C P G Ú I O D
Y E A W Í Y A Î L V Ç L P M R H
É K Y Ó U P A S C U A L E Á Ï È
À B M Ó K S K I M B E R L I T A
```

## #106

- MARTILLO
- HERMANO
- SOL
- ARETE
- SALTAR LA CUERDA
- CHIAPAS
- LEALTAD
- GUTEMALA
- CERROS
- POZOLE
- MUERTO
- CANCIÓN
- MOMOTOMBO
- PREHISPÁNICO
- PEOR

```
D L I G N Î P G C Ç I U Ú A P È
È U P R E H I S P Á N I C O F S
È A E Ý Ç Ï V C Ï O A H Á Ï Ü A
C Z Ö É G J A A S Ú Z R Á S Á L
H T P E O R L N Í Ý O O E Q F T
I Î I Î U Í E C Ï B Z M L T Y A
A H F L D Ü A I Ó T S C O E E R
P E Q U C M L Ó X Í S B U S D L
A R G Î T D T N C O M H Ï O Ï A
S M Ü U À Î A I R O O M L L I C
É A Í À T Ý D R T T Ï L Z Z Ñ U
C N Í P M E E O R V I Y O M É E
È O Ó Ç V C M E Q T P G À Í X R
H H O È Ý O U A R V Z È C H Ü D
F Î V Î M M L A L Ú J J W W R A
Y S Ó É Ñ A M Q Ó A V Ö Á Z Á Q
```

Page 54

## #107

- [ ] CARRACA
- [ ] PORÍFEROS
- [ ] ESPECULACIÓN
- [ ] CATALINAS
- [ ] NEFROPATÍA
- [ ] NULIDAD
- [ ] PODADERA
- [ ] ALLEGRO
- [ ] ANÁLISIS
- [ ] SARA
- [ ] AMENIDADES
- [ ] RESULTADOS
- [ ] AMARILLO
- [ ] TASMANIA
- [ ] CORRECCIONES

```
P S Ç Ö C Ú Ý Q A Ü Î A D Ú À Ï
I O É Ï N A J S J L É Á Ý M U À
P Ñ Y R C U T F O T L V Í Q E Ç
O N E Ý A U L A Ñ D Ç E D S O U
R E V E R G R I L X N Q G Á Ó M
Í F G Y R E E B D I Ú Í Î R N T
F R T U A Ó S A P A N L M F O A
E O A S C È U P Z Q D A C W S M
R P S J A I L O B S Ü T S I O E
O A M È O R T D È M O Ó S L Í N
S T A H U Ï A A Ó É P I L B Ö I
I Í N E Í K D D O Á L I È M V D
Í A I E Z N O E Ó Á R Ó F H M A
Ñ É A G L E S R N A Q C G È I D
Ý I T N Ý Ý Ú A M I R P W Q V E
B K Ö P Y B C A A Q Î Á I Ï V S
```

## #108

- [ ] PATÍA
- [ ] DOMINÓ
- [ ] MUSEO
- [ ] MAZATLÁN
- [ ] DEDUCCIÓN
- [ ] ESCÁNER
- [ ] COMIDA
- [ ] FREIDORA
- [ ] ISÓTOPO
- [ ] CORCHEA
- [ ] AVÍCOLA
- [ ] CARACOLES
- [ ] TRESILLO
- [ ] SÁTIRO
- [ ] ATLAS

```
G Ñ R È Ç N L È Á D I È Ó D Y
J W I Z M D F R E I D O R A T I
M L O W Z C E D Z T X U D M Q Ï
F T E É A A Ï D O D P Á C U A E
G C S L T R C X U M D A Î H E I
T O C H L A Í O S C I M T V H Q
M R Á O A C P X Á Á C N W Í Á T
N C N Ü S O U S T Í C I Ó Y A R
Á H E Ü T L U Ü I Q W P Ó V O E
G E R Ó Ü E H C R Y T Z T N Z S
A A S Ï Q S Í Á O P À N Z Í B I
Q I H A Y Ï U W V M N Ó Y K Ç L
O M A Z A T L Á N G Ñ W Î R V L
I Ç Î Ï M U S E O B A L E E F O
H A B W Ü È C O M I D A A À È S F
G Ó À D Z B Í Í A V Í C O L A Ï
```

## #109

- ENROQUE
- VÓMITO
- COLLARES
- ALFALFA
- AZÚCAR
- DENSO
- COBRE
- PALMERAS
- MICROSEISMO
- PARQUES
- ESTERILIZADOR
- TRANVÍA
- TEIDE
- ANESTESIA
- TUBA

```
R Ï P A R Q U E S Ç À K X O È Á
H O G Ö M N X T C Ö F Ï P M É Q
Á E W J X Ç S Î R O I U Ü P Ñ D
Ï U M F C B K Q R A L K N Q A H
Ö K E I A O Ó Q T X N L G E L E
J B É N C N B O I H U V A U G E
P V A Í R R E R S B T Ó Í R L Ó
F Ý Z Ö V O O S E E S O M A E Y
Z J Ú C A D Q S T T U B A R È S
V S C I L É E U E E T Î U È J M
Ç G A W F I Ú N E I S E Ç M X M
V H R A A C D Y S À S I I V K X
Ñ J T L L Í Ý I P O P M A D È Î
È X Y Ï F B I V Ó M I T O Í E A
Ó Ý P P A L M E R A S J N Ï Ç À
Ï J E S T E R I L I Z A D O R Ý
```

## #110

- BATIR
- PRODUCCIÓN
- QUIÉN
- FLUOR
- FIBRA
- MEDELLÍN
- PECHO
- SÉSAMO
- HELIO
- CROMOSOMA
- ALAMBIQUE
- LUGARES
- AMISTAD
- VARIOS
- HABITACIÓN

```
M P V Î D È Q B A T I R C S Ý Í
S Z D A É Ñ M E D E L L Í N Ó M
W N P L Ý O V L U G A R E S Z K
É V E Q U E Ó G S Z E Ó D L Ñ Ï
D T C H D N S À N U Ö A U M P R
P È H Ü O R Í É Q K T Ç Ú Y Ý P
F Ç O X O P A I S S Ó Y Ü X W C
W W L U Í D B É I A Q Ú V È U R
J Ñ L Ñ A M R M G À M Ý A A Î O
Î F Z E A É A O È Î Ñ O R N I M
D S B L N Z W L S P É B I Ó B O
E X A É V H E L I O I P O É H S
D K I W B É Z Ï È F È R S Q Y O
Q U H A B I T A C I Ó N Q U U M
Q Z P R O D U C C I Ó N V D E A
Ó V Ó Q K M X Y Ú Í P N E B Ï É
```

Page 56

## #111

- ALGUIEN
- CEBA
- PALABRAS
- PIEL
- EXPOSICIÓN
- DINTEL
- TALLER
- GLUCOSA
- BOCA
- ESPECTADOR
- GALAXIA
- REYNOSA
- LEUCOPLASTOS
- ENCHILADAS
- BIOSFERA

```
J Ó C M A L G U I E N O F V Ü J
I C E B A V D É Ú W S J V U Î G
B É D X G Ü I T J É À T R N V O
P E Z M A P N B A Ö E W E Í Ç A
W X L Ö L P T R U L S T A N Ö Y
E P S Ü A I E E À A L Ó Z I Ñ V
N O Ñ Ú X E L Y P E K E B O C A
C S G Ú I L L N W Ç N I R J Á B
H I É O A À A O G N Ú F Í À K X
I C J T Ï Ý Ï S U S Ú Y U Á O T
L I V X Y V È A È O J A S X M Ç
A Ó P W I Y H G L U C O S A E Ó
D N O Ï J B I O S F E R A Á Ñ Ç
A À Z H R T P A L A B R A S É
S E S P E C T A D O R Ö Í È T F
Y E Ú L E U C O P L A S T O S J
```

## #112

- PROTOZOOS
- TRIPULACIÓN
- LIBRERÍA
- MAMÍFEROS
- DISCRETA
- PIROCLASTO
- ENCIMA
- MANILLAR
- TÍO
- RADIO
- IBAGUÉ
- AJO
- CALAMAR
- CUANTO
- LEGALIDAD

```
C A L A M A R Y S K R Ó Y R É N
K L Ç Á Q Ñ L Ó M A N I L L A R
J C I N Y F I A T R A D I O O O
Ü Q U B É Ö E E Y N P V Z Ñ Í Ü
P Ú A A R Z Z M Ç Ñ R P P T R Ï
G B S L N E P A Ö T O M Y P C K
N L Ç Í A T R M F J T T Ý I I D
É J Ç F Ï C O Í A Ó O Ú H R Ó I
B R É E È L W F A Z Z E W O T S
V I B A G U É E A Ö O N T C À C
Q X M A Ö W Ó R Ç Y O C A L G R
G P Z I B Í E O Ó N S I S A G E
I N É H Z Î F S T N O M H S Q T
J Ñ F W Z H Z X V M Ü A O T M A
W L E G A L I D A D Î Ó O O Q G
F K Ö T R I P U L A C I Ó N E J
```

## #113

- VAGUADA
- ÁNGULO
- LAGARTOS
- ANILLOS
- CALORÍA
- ÁRABE
- OMÓPLATO
- PIJAMA
- SIERRAS
- ACTIVIDAD
- COMEDIA
- ESCALA
- CROACIA
- ENCÍA
- SATÉLITE

```
L Ú Ü A N Z B É Ï L E T P C Ý Ö
Ó W I E E S C A L A V E R Î È R
À S L A G A R T O S T E U E Á Ï
F Ú I Î C Ö X S K I B D D Î L N
D E L E Á F O Ü L A H Ç D J A V
G N E O R L J É R R J A Á Í F È
O C U É L R T Á G À D I R Î A B
K Í C I Í A A Ï T I V O B I À A
R A N T S O A S V Á L Ï D T I Z
I A F A R M I I A A N E Ý C Á J
X D E T A Q T D C B M G A R W À
X Í A J D C A Ü H O Q O U Ó Ý N
K J Í A U Á Ý C V R Ï P L Ý N
Y P Y Ñ G U O Ç Á C J G Ú C O Z
Ý A Ü A M V Ú O W Q Ö Ý K S G P
O Z V Ú Ó O M Ó P L A T O R F X
```

## #114

- ESTOFAR
- MARIQUITA
- ADEREZAR
- SOPLETE
- LINO
- TOMATE
- AFEITADORA
- SOBRE
- INVESTIGAR
- DURANTE
- CORREA DE CAMARA
- EL MOLE
- HOSPEDAJE
- PEREIRA
- ASTROFÍSICA

```
M S L Z R Ç L T P I Q Á J S Ý Ý
Ö A R Ó F E S T O F A R N C B Ü
Ï À R Q S I Ç M F C O I P O Á A
O Á Z I G Ç Ý I W Î U N E R X S
M K Í J Q À Ö W Ï Ú Ñ V R R D T
K G G Y Ï U T O M A T E E E A R
È D C Ý S Ú I K W Ö D S I A F O
L U X Y O A Ö T Ú A C T R D E F
Í R E U B Ï X Ç A D L I A E I Í
L A L I R U A Î Í E I G Ü C T S
N N M Q E C Ú Í Á R N A Q A A I
L T O Ü F É Ú R R E O R K M D C
Ñ E L È C Z T D C Z G Í É A O A
Z D E H C S N W Ý A A Í D R R Y
H O S P E D A J E R A R R A A D
X S O P L E T E R C Ç I A M S T
```

Page 58

## #115

- FEBE
- VIDA
- TRABAJO
- HORRIBLE
- LA PAZ
- MAQUILLISTA
- APOSICIÓN
- CONDUCIR
- NATURALEZA
- DULCES
- CAROM
- DIRECTOR
- CERCA
- DUCCIÓN
- TRISTEZA

```
È A P K Á E X W Á T E E E P O O
Y P N Ó G S V Ú K X L Ñ J T M M
Ú O N N N Z Ö Ó I B T Á Ñ R A É
Ï S Ç W Î E È À I Ú Y C Á A Q M
D I Ü E È O Í R S R A A Ñ B U S
P C F J Ï Ó R E I Z F R Ü A I Z
Y I E M K O C C E K T O Ñ J L D
Ï Ó B E H L U T P Ñ Ó M Ó O L I
Ü N E F U D S A S Ï W Z Ñ Q I R
C W G D N I D P B W A À W É S E
D H P O R I A L F P Ï Q H C T C
Ñ U C T V C A U A Î W J Ý Í A T
N O N E R C L L G H Ý É Î Z Q O
S Ñ B E Ï I D U C C I Ó N Ó Ý R
Y Á C V V N A T U R A L E Z A Ü
À N F I W H G E Î T Q L C Í Ú K
```

## #116

- SAFARI
- HAMBRUNA
- CALOR
- DESAFÍO
- ANILLO
- POTASIO
- ADREDE
- ROMPECABEZAS
- PADRE
- MONITOR
- VENTANA
- CARÓTIDA
- RADIO
- HORTENSIA
- CARRETILLA

```
Ï Ï Ü Ü D E S A F Í O Ç S W A D
C H T A V Î H Ö Q M N K I J Í Ü
D A O V D J H A M B R U N A O E
Y A R R E R Ç K Ö Q É I Î J Ý À
O R Z R T N E P S Ý R E E Ü M Ý
C N A M E E T D A T Ç F K O W R
A R Q D O T N A E D J Q U D D R
R X Ú Í I N I S N R R H Ú Ñ A H
Ó E A N Á O I L I A Z E W Î S G
T P Ñ J Î P X T L A Í Q Z Z A B
I O À Q K Ó S Í O A A N I L L O
D T S A F A R I M R W V Z R Ý E
A A Ï Ü Ü Ñ Ö O E Ó C A L O R E
L S Ü M R O M P E C A B E Z A S
F I E H Z A Ñ Í Î Ñ Ó W Ü A B Y
D O Ó Ö P I V S Y E Y J Ç G I Ñ
```

Page 59

## #117

- AMBIENTE
- PACHUCA
- NECESIDADES
- LISO
- RED
- DISFRACES
- PERFUME
- BANCO
- ZAPATO
- YUCATÁN
- LUCÍA
- CETOACIDOSIS
- CAIMÁN
- GUERNICA
- FRESCO

```
G M U Y Y Y U C A T Á N Ú Î Q Y I
R C Ï H L E C O T L F Ý N U Î É
G Ü Í Y À I C K C D Ó S È D T Ï
B Ç L Ý S S M O E O E S Á A Ñ J
É C Z À E A C R E C E E O B F C
Ó Ó I R Í N D M A D T T Ñ Ñ P E
Ç Q F C A É U R A N A Ç É Ö A T
Ý W U B È F F D E P A Ï O È C O
U L U Á R S I I A N T V Z T H A
C A Î E I S B Z Á N X O T H U C
Ï A P D E M O A D P F L J P C I
L Ö I C A S Ú Ú Ú R O F Ï Y A D
X Y E M I I G U E R N I C A Ü O
E N P L Á L Ý Á È Q Ç Ú D Y Ö S
V Ý R X B N Y Ö É C Ó Q Ç I Í I
K P Î Ñ L Ý T U F Ý Ö N Í L R S
```

## #118

- BOMBÓN
- VOZ
- ARBUSTOS
- ENDODONCIA
- DELANTE
- ESMALTE
- CÚBITO
- EPITÁLAMO
- GINKGO BILOBA
- MENOR
- DETRÁS
- PATENTE
- DESPLANTES
- TABLERO
- ECOLOGÍA

```
H K V E Z P S Í N J É T Ñ P R Ñ
O Y X C A A N E D Ö E H Ñ O G Ö
Ñ Ü Y O C T Ü S E R Á D N H I M
E Ç V L F E W M S O S E Z È N Z
N È Ú O V N Ö A P Ö M W Ý E K L
D Ñ C G V T M L L I O B T I G Î
O À È Í U E Q T A L U N Z Z O O
D A F A E U B E N O A F N P B Ï
O R J M T Ú O P T L À V Ü K I Î
N B Y L Ñ J M I E N L O J S L T
C U O E D Ó B D S D Á Z Á B O A
I S H Q Ó Ú Ó U I Ý Í R Ü M B B
A T L Í C À N È É R T T Î D A L
U O D B R Ï V O É E K R V O U E
C S I Q J N A U D T Ö T H P È R
X E P I T Á L A M O V Ç Ü O Ö O
```

Page 60

## #119

- LOTERÍA MEXICANA
- REUTILIZAR
- MATEMÁTICAS
- PATRIA
- ESPECIES
- PERÍMETRO
- PORCELANA
- ENCANTADOS
- GALAXIA
- SUEÑO
- CREMA
- ATÚN
- PIRÁMIDE
- REAL
- LARGUERO

```
E U Ï D L S Y E S P E C I E S E
L O T E R Í A M E X I C A N A N
Î Ï N N X E M I O R M D I Z Á C
S B Ó R A T U R Ç E R W P A Ñ A
R K Ý L Z A E T L A E V I Ç E N
Ü O Ý G I U Ç W I L P X R D W T
Z V Î R G Î Í P O L A É I Í A A
A V T R Ö H W R S L I M F N Y D
Q A A Ö Ï M T Ö A E Á Z A É P O
P L Ó X Á E Ó G F R G L A Ú C S
Î Á Ö Ç M S K È I Ý E M X R E Ç
P Î Á Í Ú U Y P A C E A Z N T Á
B À R C H E C K R R P D Ú À Ý T
Ü E Ý Ý K Ñ N O C I Ñ T O D C V
P L Z À À O P Ý È Ü A E E N D O
M A T E M Á T I C A S M Ý I N N
```

## #120

- BOCA
- TÉ
- CULEBRA
- ANTARES
- DOCTRINA
- NEUTRÓN
- MUCHO
- PLEURAS
- ENCÉFALO
- ACEITES
- ARADO
- FORO
- CRISTOL
- HÉRCULES
- AGRICULTURA

```
K Ý P L E U R A S H Ö U W T V W
G A T C N E Ý I È Ó Y T H É N M
C Q N A C E I T E S C H É X E U
E I A T Ú Ñ Ï W É V U Ú R Ö U Ñ
J À R G A M C F Ñ H L A C X T È
X J L Ý R R U Ó F S E Ú U V R E
N Ú Ñ Ñ É I E Z T O B T L F Ó K
J A E K D K C S C S R P E F N T
W N M N U O O U X R A O S Ç R Ö
H S Z Î C À C A L U I V P G Ú P
U C O Ï A É C T È T O S H Ü C Á
Ç Ó Ï Z Ü O F X R H U E T Ó Á G
Ó O R K B Y Á A C I A R Á O À M
U Z B Y Z Ç Ö U L T N Ñ A A L W
E N Ú È K K M Ý Ý Y O G A J S U A
I D Á Y S Ó Ü A R A D O I T B C
```

## #121

- TEMPORAL
- MELODIA
- LAPILLI
- RESPETO
- TERNURA
- IRA
- ANÁFORA
- CALCÍFUGA
- DESCANSO
- QUINCE
- EDULCORANTE
- TOBILLO
- ANATOMÍA
- BOMBO
- RIBOSOMAS

```
Í J Ñ O Q Q J Ý H G X Í Ï U O B
Ú U T E M Q E Ü Ç À Q A U L G V
L Z E D N C Ú Ú Î Ï R A A I N A
A Ç R J N M L Ö E O J R V P I T
C F N I Í R U A F R O C Á E R Y
A H U Ç Ï Ó S Á P P E C S Ö A É
L Q R N Á Ï N B M I T S L Ö K A
C B A Y Ú A À E P Ñ L S P V M N
Í U Y I À C T Ó È P D L S E Î A
F M E L O D I A Z F N U I G T T
U D Z O Z Ö M T O B I L L O È O
G I R Á H D R È É B O M B O Ç M
A R I B O S O M A S E T Í J X Í
U D E S C A N S O N Ý H A Y A A
U P F E D U L C O R A N T E Z G
X K Ï C O Ý M T Á E D U R Ö G Î
```

## #122

- MINATITLÁN
- ELOTE
- PULMONES
- ARCONTE
- CUCHILLOS
- ANÁLISIS
- GRANJERO
- SANDALIAS
- COLCHÓN
- ÁNODO
- ZAFIRO
- TRITÓN
- SOLIDARIDAD
- KAIETEUR
- HIPOTÁLAMO

```
Q M Ü Í K É Ñ G R A N J E R O Ñ
V C C O N T À G Ý Á Í M S O T B
Z O Z U Î H I P O T Á L A M O S
A L A J C G Ó Ú T Ï É Á N O D O
M C F J Í H I Ú K G H X D C Z L
I H I K N W I É Z U Ó T A Á Á Í
N Ó R A A À Ü L È E Z Ú L Y É D
A N O P R I Ö V L L Î O I Ý É A
T H C Ï U C E I N O Ç A A Ï Ç R
I Ý O L D L O T L T S N S L N I
T Y A Ï O E M N E E X Á Y Ó Z D
L Ñ N À Ó W P O T U Q L T K É A
Á È Ï Ñ È Y G E N E R I Ú Á M D
N D Ç D J Ï W B Q E R S Ö D Y T
L X U Z V H I G Ç T S I O Y T Ü
G È R C U S O O Ñ F U S K É Ñ B
```

Page 62

## #123

- [ ] CORTACABLES
- [ ] JÚPITER
- [ ] RECEPCIÓN
- [ ] CUATRO
- [ ] CAZAFANTASMAS
- [ ] ATLAS
- [ ] AJONJOLÍ
- [ ] TIENDA
- [ ] CAMPECHE
- [ ] ÓPALO
- [ ] CEBOLLA
- [ ] BODEGA
- [ ] BASTIDOR
- [ ] PRÁCTICA
- [ ] ENCINA

## #124

- [ ] PUMA
- [ ] LIBERALISMO
- [ ] AGUACHILE
- [ ] PILOTO
- [ ] DORAR
- [ ] ROSQUILLA
- [ ] TREN
- [ ] ROMÁNTICA
- [ ] GRATINAR
- [ ] MALTEADA
- [ ] CUADRO
- [ ] DIVERSIÓN
- [ ] FOLIO
- [ ] CENA
- [ ] ALMACÉN

## #125

- [ ] CARÁCTER
- [ ] FOTOGRAMA
- [ ] MOSCA
- [ ] NAPOLITANO
- [ ] CHILE
- [ ] BESO
- [ ] ÁMSTERDAM
- [ ] UNIVERSAL
- [ ] TIBIA
- [ ] GANADERO
- [ ] POPOCATÉPETL
- [ ] CELULAR
- [ ] MICROONDAS
- [ ] CARNÍVOROS
- [ ] MAR

```
Ú S Ü D Á M S T E R D A M D M Ý
Ó S É Î Ï W F R T È J É C Ñ J O
F I D A Î Î Z G J A Á Í Ö I K M
H Ï T V S Á È E J Z D Ö Ï L A I
Y T S F C E L U L A R Ç T I L C
Ó S Ú O O I C A B A Ï E B I L R
K Q S Ï H T S A X I P I G P P O
M I C C B R O Ñ R É T K A Î R O
B O N Ñ E E M G T Á F À N X D N
E D Ç V Á Ý S A R W C I A M Ý D
M À I Ö Ç M C O R A E T D Ï Ï A
P N Ú L À O Y E A F M W E M É S
U W F R P Í G V F I S A R R È É
R B Ö Ö À M O S C A Ú É O C Î Ý
Î Ï P N A P O L I T A N O Ç Ç I
S A K C C A R N Í V O R O S I W
```

## #126

- [ ] ALCANFORERO
- [ ] EMBARAZO
- [ ] CHALCO
- [ ] PÉREZ
- [ ] CACHÉ
- [ ] QUINOA
- [ ] TECLADO
- [ ] APERTURA
- [ ] BATERÍA
- [ ] POLICIA
- [ ] PASTEL
- [ ] HIELO
- [ ] MEMORIA
- [ ] COLOREAR
- [ ] ACAPULCO

```
G Y L T E C L A D O È I V L Ñ J
È P P X É L G A P E R T U R A E
O E A L W T Ï B A T E R Í A Ö M
V È S A O A C O L O R E A R C F
Ó E T P L Í T Í Á Q Ö X Ý Ú Ü T
Q M E O T C Ó Ñ É C Á Ö M B Ý Î
Ü B L L V C A C H É Ó Á F G A Ó
T A Z I O M Ú N Ç U Ü L O S C L
Ö R Q C P W E M F Y Î V Ý C A I
H A J I P Q C M P O É Ü Î H P C
I Z O A Q U I N O A R B D A U Ñ
E O Á S B Ö Ñ R X R À E Ñ L L Î
L À Ý È U E X Ú N E I Ý R C C U
O C J A Ö E W Á R Í J A J O O Á
Ó Ü K U Ï Z Q T G D Ñ X È T R J
R P X Î Ç Î Ý P É R E Z H M K O
```

Page 64

## #127

- HURÓN
- DISPOSITIVO
- ARISTÓTELES
- LAVAMANOS
- CALISTO
- CÚTER
- CARDIAS
- GRABADO
- DEPILADORA
- DERROTA
- PRUEBA
- LIJA
- GUADALUPE
- CRISOLES
- PROTEÍNAS

```
Y T È S Ñ Ñ V K Ï W C Ý A F W
G P R O T E Í N A S Ü F Ç À O N
U Ñ L I Ñ È Á J S À A F R D H F
A W I D E P I L A D O R A Ç È Î
D P J O D J E Î L Ç Q B É R T Ú
A R A G R E Í Ï O S A S A S F Î
L U T K T R R T U R E Ó E È Ü Z
U E J P W U S R G L S L F Ñ A I
P B Ñ C D I Ñ H O O E A V R Ü N
E A Í Á L T J S N T E B E Q K U
Í T T A U Á I A Ó N A T É R Ï M
L K C É H R M T Ó Î Ú R Ö À Í W
Ý Î Q K C A S R Ü C T Ö D R È É
M K Ö H V I U C A R D I A S I K
Ó J U A R H T O Í Q Ü Ó Ü Y V Ü
C Ñ L A D I S P O S I T I V O Z
```

## #128

- LAVA PLATOS
- CAVIDAD
- ZAPATO
- CARRETA
- MEIOSIS
- APIO
- ARECA
- JUEGOS
- SALUDABLE
- GUILLOTINA
- COSECHADORA
- BÉISBOL
- FIOLA
- SOLFEAR
- CÁMARA WEB

```
P X R Ó Ó H N Ü C A V I D A D C
Ü M V J U E G O S È Ó T À S G E
G À Ý C O A Î Î E A L V V Z A O
U B L Z B Ý U Ó Î É L Ï F È R Ó
I É S A L U D A B L E Q E Ó E P
L C O P V T W C A R R E T A C M
L Á H A É A C B Ü L R É À P A E
O M U T Ï S P S É Ü U É Í S Í I
T A Ó Ö Ö D O L E I I X Á F Ú O
I R S Ü V F E L A O S D Ó F U S
N A U Ï D Z I D F T T B Ý V X I
A W N T Í T Î O D E O R O S M S
À E Î N V K Î J L J A S É L Ü Ó
Ï B Y D Ó Ñ Ç S Ñ A Ó R Z X B P
N I O C O S E C H A D O R A Í D
M Ú N Ñ Ü É E Ó Ï R B E A P I O
```

Page 65

## #129

- CONFIANZA
- UCRANIA
- RECICLAR
- HARINA
- INFORMACIÓN
- NATALIA
- EMPATAR
- SOMBRERO
- SAL
- LLUVIA ACIDA
- FRESCO
- CARIDAD
- HELECHOS
- TRAPO
- PERDÓN

```
X Q F R V G Q H S U Ý T R A P O
L F G Á U P V H A A É H E O F S
I R Ñ I M B Ï C A R I D A D A O
Ü E P N Ç É A V I I I Q A D Ý M
C S C F A Í C W Ó R Ý N I K Î B
T C U O O T H X N G L C A A Í R
K O U R Ó Ö A R P S A U V R A E
À J C M Ñ S B L Ý A Ñ R A T K R
Ñ Ç R A U A Î É I Í P L A Ý C O
Á Ñ A C Ñ L É V F A C P W Ñ Î Ñ
N À N I D Î U È È I M L Í Ç R D
D Ó I Ó Y L G È C E Ó Ü N Q Ó Ç
É V A N L J H E L E C H O S O Á
E È È J P E R D Ó N K D K Ú Q Î
Ñ Ó V Á Ñ Z Y Ö M T I P È H N F
Y C O N F I A N Z A É R A R F P
```

## #130

- LÁPIZ
- DEL
- LIBERTAD
- GUITARRA
- AEROLITO
- HURACÁN
- JARDÍN
- MEJILLONES
- NARANJA
- ARENA
- BANQUETE
- DINERO
- ACRÓBATAS
- EPOPEYA
- DORAR

```
I S È Ñ A U Ç È À Ñ H I C E M S
Q V G L E W G U I T A R R A À D
Á M E J I L L O N E S N A D R R
U E R D É B N Ñ Ý T Á D G Z F G
Y N K W N Í E Î A C Ó Y Ú Ï Q A
N Y D H D Ý G R A E R O L I T O
À L Ú R A Y B R T L Á P I Z D Ú
V M A N B C U À Á A P Ý É Ü O K
Á J U Ý L H R N O J D Z G Ö R B
È É H L Î É E Ó A V H R Ö É A A
T M P U S P P N B R U V N L R N
Z G Ñ Ü W D O Ü C A A W Ý Ú A Q
Ö Ï Í Ñ Ï F P H D Î T N P P R U
I Ó K Q Ý W E Z Ñ E A A J B E E
Î I V O T Q Y G X Ó L I S A N T
L B Y N Ö Ï A È D I N E R O A E
```

## #131

- ASOMBRO
- GLUCAGÓN
- ESTEPA
- ADOBAR
- CÓXIS
- MARTÍN
- ECLIPSE
- DONA
- AMBOS
- QUASAR
- BOLÍGRAFO
- IGUAZÚ
- JOYERÍA
- PEINE
- SENEGAL

```
Ú N F I Ö B Ó Q S L M È Ö Ñ Í E
F A E Ü Ó K Ç Ï Ý O Ý X D U T Î
U S S J H L À Î C R X W Ú M L Ú
Í Ó R O Ï A D O B A R N Ú A À A
J D Ï Y Í T Î Ç G Q Í Z G Ü M M
Ç Q Í E Î F Í P A T A E V L Ö B
V C Ï R N R B N R U N Ç N L Ó O
P Ó Ï Í M Ç O A G E R Ó Ó U L S
T X Q A G D M I S A G A E O Î Ñ
P I C Ö Ó P U Ñ S A R S R Î Z S
Z S Á À N O I A C J P B O H I E
U O X Y F S U U Ú I M E Q S Z S
Î À B Ú N Q L Î L O O E I V Ï T
B M Ñ Î Z G Î C S A È Ö Ý N G E
N U N L Á Î E A Ú W N V O J E P
È Ç È Ü Ï B O L Í G R A F O S A
```

## #132

- GRANDE
- INGRID
- CAZA
- BARIÓN
- PILOTO
- HARDWARE
- ALCAPARRA
- PROTOTIPO
- EDIFICIO
- ASPERSOR
- BUZÓN
- JUEGOS
- CLÁSICA
- COCER
- QUARK

```
B S Ó I É W E J Í Z U N A Y A É
Ç À Î A M Y Y V U Q R O À E T C
Y Î V V È À L Á É E P K R Q N L
I G J A S F K V Ú I G A Ñ Ï E Á
I R P B U Z Ó N T Ó W O Á C D S
Ý A T A A I Ó O M D À C S W I I
Ý N P L F V T L R À T A B B F C
Ï D R C Ö O Z A Á V S Z Ñ B I A
V E È A R Q H P N K C A K Ü C P
K M Ñ P Q C Î E I Y Î O C Q I A
Q Ü I A Z U X Ó Í L M A C B O Ñ
O C N R Ý È A K Z Í O F P E À K
H D G R P B A R I Ó N T F F R Ï
Z R R A É Ú U A K Y S S O P X U
È À I L A S P E R S O R Í R Ï Z
H X D F S V D Ç É D Ú X E P T P
```

Page 67

## #133

- MOLE
- ÚTILES
- PÁNCREAS
- BAILARINAS
- COMPUTADORA
- DIALISIS
- NERVIOS
- TRASPLANTE
- BOTAS
- SALAMANCA
- MONEDA
- EQUIPAJE
- GRIFO
- SAXOFÓN
- POLITOPO

```
Ç È Ë Ï F N X C L S Z J É A O
D N Ü C J V Ç E C A C D P R O M
Á D M O L E J K E Í L Ý O F Y U
Ý Á I I H A G R Ç Ï A D I P G A
Ç M Ý A P B C Y A R A R À G Î X
F A Ñ I L N M D Ó T G Ñ I P L È
S V U À Á I E B U Ñ Ö J T G I C
Á Q Y P S N S P O Ý Ó N R A S Ó
E B J S O E M I H T M Ö A R A Ý
X S S M L O D J S Ü A O S Ï X Z
C G B I C B K Ö B G D S P Ü O S
Ü E T T N E R V I O S C L P F Ó
R Ú B A I L A R I N A S A O Ó G
Ñ P O L I T O P O É L M N Á N Ý
R V S A L A M A N C A Ó T K È R
R A N Z Ï Ñ È A J Ú E L E À J H
```

## #134

- CEPILLO
- GACRUX
- PERRO
- EL PETATE
- CAPÍTULO
- GOMA
- APENAS
- EMPRESA
- MATRAZ
- MOVER
- VACA
- AMABLE
- GÓNADAS
- SUJETAR
- NARANJA

```
V M X Z U E L P E T A T E À Z K
B B W K E È O R A S U J E T A R
F Ñ W F O L Á Ú Ö W L G Ï Í O Z
Í À T R L G Q W E J X A M F Ï Z
L Ñ R I P Ç C Ú G Ö É C Ö Ñ Ü Ö
O E P Î C M A T R A Z R È B Ñ D
P E Ö M Ü P M N D G I U I É A K
C T I E M P R E S A Ó X Ö N K L
O Î T S H A À D Ó E S N V E C À
C C I Ï M Ö À E P A D A A A É Ü
Ï Ü Ý O M K Î W N A J N P D C Ç
N C G M O B Ç E É N M W È Ý A A
Ý Ý T Q V B P G A Ç Î A A O O S
T Ñ M U E A Ó R Q O C B B Y O Í
Ï Ñ T Ú R C A P Í T U L O L É È
Ñ I T A Ó N C R Î G É O A É E X
```

## #135

- TENIS
- COMUNISMO
- TARDE
- PARADIGMA
- ESTRELLA
- REY
- MUY
- NAZCA
- FUMAROLA
- VERNAL
- REVÉS
- CEBOLLINO
- COMIDA
- NADA
- MONTE

```
U Í E S T R E L L A Ö E Á A H C
E V C Í S Y X L Ú Ö M Ñ L T Ñ E
D E K Î Á X Ó F M M U È S E H B
J R J Y È C W N U Ú Y É Ç N N O
D N X U T Ö M É A M V G Í I Ü L
Á A Ü C O M I D A E A F P S Q L
L L Í I Á A H P R A I R V Ï J I
R Ñ K L C X R C A M S À O Q N N
U N X Z I T À E O R Ü W I L C O
I A A A X Í S L Y M A M M V A Y
Ý N Ñ D È W O À Ü R U D U Z A V
C M É P A T W X A R L N I Á À F
C É O À R T A R D E M Ñ I G Ó N
T R Ú N Ç É G Ö D Ç T O G S M H
B Y À E T È B Ö Ó U O Q H T M A
Í Ý G Z Ü E Ó U R Z Ï N V È Z O
```

## #136

- ESTIGMA
- GROSERO
- CEPILLO DENTAL
- ESCALAR
- RÍOS
- FAMILIA
- ARTÍCULO
- ÁCIDO FÓLICO
- COMIDA
- CHINCHE
- RUGBY
- CHETUMAL
- LANCHAS
- LECHE
- CHEF

```
O Ó È X Ý J D N Ý Q R F Ó A E Ï
E C E P I L L O D E N T A L Q Ü
A C S D L À R A C Ï Ï W E Á W É
R H Ï W Ñ Ú D À Z C Á U S Ï C W
T I G N C I É Í N Ö T A T F H É
Í N S R M D K F M Ý J K I J E Ñ
C C A O U Z G S È Ç Í Ý G S T L
U H C Ö M G O R Ï Ý Ñ H M A U Ñ
L E V X T Í B Ñ O J I O A F M Ï
O V Ü Ç R É J Y Ç S À Ó E V A F
H G L W Ý Ç D Ö Ö Z E H L D L A
O N E T S D Ç Ü M Ç C R Q F U M
É Ó C E S C A L A R Ï W O Ñ B I
P W H È Î Y P Y Ç B Y C K Á S L
Î Z E H L A N C H A S U Ñ J Ó I
À Á C I D O F Ó L I C O R I T A
```

Page 69

## #137

- [ ] BAR
- [ ] BOCA
- [ ] LENGUA
- [ ] MOSQUITOS
- [ ] ORQUÍDEA
- [ ] REGLA
- [ ] POLIURA
- [ ] ESFINGE
- [ ] ARTÍCULO
- [ ] EXPRESIÓN
- [ ] COCHE
- [ ] CITOSINA
- [ ] LOS GEMELOS
- [ ] ARRECIFE
- [ ] CLARO

```
Z O Q Î Y M Y V P B O Ú È S E F
E Î Y Ç Ö C A N Y E X P À B H H
Q K Ú Ý Î H É T A Ü U O F À U P
C C Ó U Ñ Î N È È B L Í P A È
O S B O C A I Ü Ü Ñ D I A Ü R U
R È Á W Á S Y E E K G U R U T D
Q B I W O Ö H P S Q N R R J Í Á
U Ó A T Ñ C È S F Ó Ö A E H C U
Í N I R O A B O I A È P C G U Ö
D C F C O Í R S N Ú A E I È Ñ
E M À Ç Q A E E G Y Ó T F É O A
A Î T J L R Z Z E Ç F Ú E D E X
L À R C P L O S G E M E L O S D
A W T X K È Z À L E N G U A Ú Ý
F Z E À J Ü M O S Q U I T O S B
Ü V P K N Ç K Í Ö Z J É E Á W P
```

## #138

- [ ] BASE
- [ ] HAMBRUNA
- [ ] AMBULANCIA
- [ ] VARILLAS
- [ ] FIESTA
- [ ] GLICEROL
- [ ] CORTESÍA
- [ ] ARTESANO
- [ ] JAZMÍN
- [ ] TALUD
- [ ] GUANTE
- [ ] GALERÍA
- [ ] BÁRBAROS
- [ ] MANTEL
- [ ] GRADA

```
B Á R B A R O S K É A P Ü Ý Ï Ö
B V Î J G M P A Ï Î I Z T F T Z
T Ö A Ç P M Ü À H À Z Í Ý I A Y
U U S R Á G L I C E R O L E L È
S Y H K I J T A Á H N Ú F S U B
Á A A K K L M A N T E L A T D V
J R M Ü À N L L M É Ü Í Ú A Á A
Ú T B Î F C E A Ç Á R J M M I U
I E R È Ú S O N S E R L Ü C T R
W S U Ü A Y Í R L E X A N T Ç Ú
P A N B C M M A T É Î A U I Z É
L N A Ö Z K G N Z E L Ç Ñ J Ç T
X O E A Ç Ñ A I Ç U S F Z L Y N
O I J L T U Z M B A G Í Ü T Q T
K T S Ñ G S Z M G R A D A Z M Z
P R E Ñ Ó A A É N T T D B Ö X Ó
```

## #139

- [ ] SEIS
- [ ] AZÚCAR
- [ ] ABONO
- [ ] PEINADO
- [ ] ALMOHADA
- [ ] EPÍSTOLA
- [ ] CORTINA
- [ ] AMIGOS
- [ ] CLAVIJA
- [ ] TRAMPOLÍN
- [ ] PASAJERO
- [ ] COJÍN
- [ ] HIENA
- [ ] BRAZOS
- [ ] FORJADO

```
E Y B È J P Ñ A Ñ R B F C Í W R
T P H A Z Ú C A R C É Í U J A L
R Z I H Ý E Q L Ý Ï O É R D V Ö
A Ý E Ó É Í N Ü N È W R A S À V
M F N Ï M Í Y F Q B Ç H T Ç Í S
P I A É K U N T Ï D O U I I E É
O R L Í Ç Z V L C M Ö K M È N Í
L P E I N A D O L É V B O Á Z A
Í S E I S G A A X Ö B R A Z O S
N È I P A S A J E R O C F R Ö M
A D A Ú N E R C O J Í N L Á D P
Í B J H C L A V I J A Ç J Á M X
D B O À F O R J A D O Ú À W Ó Y
S Z Ü N Z A M I G O S È I Q C N
À Ü Í L O C Á D E T I F E Á Á W
Ñ G Z Á A Q E P Í S T O L A Á K
```

## #140

- [ ] VOLATILIDAD
- [ ] ESÓFAGO
- [ ] PESCANTE
- [ ] JITOMATE
- [ ] BAÑO
- [ ] POSESIVO
- [ ] MEDITAR
- [ ] AMOR
- [ ] ESCUCHAR MUSICA
- [ ] ESTUFA
- [ ] PISTA
- [ ] DEMÓCRITO
- [ ] PLANETA
- [ ] RAVIOLES
- [ ] PRINCESA

```
T V O L A T I L I D A D Z E E Y
B A Ñ O Ñ J I L Q Q F N E Ú G E
R Y S È P N I T Ó È Ï R B E N S
A R D E T L Í T T J A Í T X È C
V È E K Ö H O B O T N N È Ý E U
I Ó M E P À J J I M A Ý Z M S C
O A Ó À O Á Z D È C A Ó M G Ó H
L I C B S A E P S È M T Ó È F A
E E R P E M M E R Ï Z Ó E R A R
S S I L S À P O J I Y H É Y G M
X T T A I C H P R H N G O O O U
Ü U O N V G I Ü I R I C Î Ñ X S
S F Ü E O Ý I M O S U C E Y I I
G A I T P T H V Ó R T É M S Ç C
Ñ Á È A Ý J Ç H Ü X R A C Ö A A
S P Ñ Ï Ú L G À T C W Í Ö J O Ý
```

Page 71

## #141

- GANADERÍA
- COMO
- PRUDENCIA
- VESTA
- LARINGE
- CROCS
- CEBOLLA
- HISTORIA
- SAJAMA
- BOGOTÁ
- AMARGO
- RESERVA
- JAGUAR
- LUCIONES
- SEPARAR BASURA

```
S Î À Ó H È U Z E T N È Ü T B B
E Ï P Ç Í D F G U K C N Á È Ú Ü
P J F R V Y N Q T Y R O U Q N I
A L D Á U I G Î E A V Ö M È S G
R U T X R D H H U F U Ö G O R Á
A C A A Ü T E G I B O G O T Á G
R I L M M Ó A N O S Í J H A K Ç
B O T C A J Î Î C Y T V T Ó E P
A N A Ó R R Ó Í E I R O E H T Q
S E G Ï S O G Ú B Î A O R S L K
U S V Ç A Ç C O O V X T T I T Ü
R K V Ó J É F S L À M Î Ç X A A
A P N Ý A I L Ú L È Í Ú X X A H
E Q N È M W T L A B Ó M V Ö V X
X N S Ý A È H Á R E S E R V A R
E Ö K M H Z G A N A D E R Í A Ñ
```

## #142

- ASFALTO
- HONOR
- COBRE
- ACERA
- BARÓMETRO
- ZEUS
- PUNTO
- ARGELIA
- CIGARRA
- PLAYA
- ISOTÓNICOS
- ASIENTO
- PEPINOS
- MASCARILLA
- ADRIÁTICO

```
Y Î Ö P Ó L B È Q S O A Ý C Ý K
É V B I À G S Î U A L Ú O Í K R
Ö I Ý N E P É E O L C C Ó Á Ñ À
W S J Ó À D Z T I U I E R R Ó P
B O W S Î Á N R Ö T S F R Ï A O
B T S Ý Y E A Ý Á O A U A A M À
A Ó Ú B I C Ñ I N I C R Ó V G Y
R N C S S Ý R I L Á R I M À E P
Ó I A A Ö D P E C A W Ü O R X Í
M C M P A E G G G Ý L T B Ñ S Z
E O Ï L P R S I O É L O Y T Ó Ñ
T S Í A A Y C S X A C Ö K X Ö G
R W S Y G C Ú È F Ö H O N O R È
O Ú Ö A T Ö J S Á N I Ú Î Ü Ü K
X R È Ü É I A Ú Î H C P U N T O
Z T W M C N J G L Ñ O Z P Ç R A
```

## #143

- ESTANTERÍA
- LIGA
- ESTRELLAS
- AMAPOLA
- HISTORIETA
- BOLSAS
- CANONIGOS
- LENTES
- BRONCEADOR
- VENEZUELA
- SICILIA
- ACCIÓN
- BRISA
- NOTA
- CARRITO

```
U Ö È U Y A Ï U D X Ñ N E Î C C
B B R I S A Ï P Q T V Ç S M Ó A
O B R O N C E A D O R A T É V N
L E N T E S O I E F A Ó R D E O
S E F Ú Í Ú È Q A G C Á E W N N
A Ï Ü Ç Ü W Ñ Ó I R Ö Ý L Ó É I
S A C O À T Í L I M N U L V Z G
È D M P Ç Ü D Ñ Y J R F A J U O
A O I A A C C I Ó N Q Y S Í E S
Ü J B V P P C A R R I T O L L Q
F Y Z Î S O R S Î È P R Ó R A M
V Ñ Ö F Ú O L O H L D L Ñ Ú E Ý
Ñ B V Í I I Ç A I È J N R J É Ó
S I C I L I A O D T Ç Í O T W E
H E T T X H I S T O R I E T A L
Í E S T A N T E R Í A À Y Ö A Ñ
```

## #144

- MONTERREY
- MINORÍA
- ALBORÁN
- CAÑONES
- INTESTINO GRUESO
- POLÍGONO
- JENGIBRE
- MANGO
- DIÁLOGO
- MENOS
- MAMBO
- BARRO
- POLLO
- CARONTE
- FUMIGADORA

```
Í O Ó Z E M Á M A G Î T Ü Ý Á À
C X Z J C A Ö I Y Q O Ý W S D P
M M X E A M V À Î O T L W G I T
B O G N R B O Q U A L B O R Á N
P N Í G O O L X M P K A J Q L Á
F T A I N L T A A J O Ú Ý V O A
U E Á B T Q Í A N É G L M Á G B
M R O R E R G B G Î Í I L À O È
I R O E O Ú O Ï O R Q É O O R Z
G E Ç N M Í G V K O Ó N X Á Á Í
A Y I L C E S Í R W O D Ó P Ç Ñ
D M M E N O S R Ï G Ó H I É Ç U
O I E H D À A K Í K I L R Í O F
R Z À É K B Ö L H C Ó Y A E Î J
A I Ü X Ñ E O H U A Ï Ú Ç R T B
Q R V H N P C A Ñ O N E S Q R M
```

## #145

- ☐ CONOCER
- ☐ TAMAL
- ☐ LIBERTAD
- ☐ MEDIANTE
- ☐ HIPOCAMPO
- ☐ SIQUIERA
- ☐ CLAQUETA
- ☐ SALTOS
- ☐ RATAS
- ☐ HORMIGA
- ☐ BACTERIÓFAGO
- ☐ GUANTES
- ☐ PAISAJE
- ☐ PINEAL
- ☐ ESCALERA

```
Q V T A M A L Y H A C Q N D É F
I Ï T Ï B A C T E R I Ó F A G O
Ý E Á P L I B E R T A D R D J S
P H O A H Ö X K Ó N P E E L Ö À
J I S I Q U I E R A L T D K À S
G P Q S Ï M Ç G S A N X A H Ú R
X O B A K C K T C A M T M Ü E L
Ç C Y J D N S S I W L U Ï C S Í
P A S E I B E D Ç R Ï T O O Ï K
I M Q Î À J E A Ó Ü A N O B Ú Í
N P Ç C X M G N F Ö O T W S Z Á
E O B U Ü I Í T M C R M A À T I
A M V W M P I Q Î U Ý I E S I C
L D P R M J G U A N T E S J G T
È X O F C L A Q U E T A Ñ Ñ Ñ Ñ
Î H I O D Ö C J U I A Á Ï G Í Ç
```

## #146

- ☐ LIENZO
- ☐ DECORADO
- ☐ AHOGADO
- ☐ CHUBASCO
- ☐ CONTROL
- ☐ HIPÓFISIS
- ☐ CORONILLA
- ☐ MESÓN
- ☐ DIAFRAGMA
- ☐ ALUMINIO
- ☐ ZAPATOS
- ☐ TEMPLO
- ☐ CAMINATA
- ☐ LÍQUENES
- ☐ XALAPA

```
P G L F J Ö À R N Á H B O Ó D R
E Y Ü F Ï È L Ó Ü J X H Ó K Q V
Î É L Ï Á O S I T E Y K U È Q Ñ
L È T Á L E L D E C O R A D O A
Ï R P P M X D Ö À N Y I S Ý L Ú
Í T M Z I Ç W G V Z Z O Ñ L E B
T E G E Á Ï Ö A E O T O I Í S Ï
T U I N G Á T O C A D N Q Q À A
Q X Ú J À A I S P A O X C U Ö L
O W Ö D N N A A G R É A O E È A
D C H I I B Z O O G W L N N U Ñ
J Á M M U M H C H Ú W A T E I Î
C A U H Á A Ç É Ó D U P R S S Ï
C L C S Q À H O Y G Ü A O Á Ï Í
A Ü V D I A F R A G M A L U O X
L È U K P H I P Ó F I S I S M Y
```

Page 74

## #147

- BOXEO
- ANÁLISIS
- JAMAICA
- COCODRILO
- VELAZQUEZ
- FONOLITA
- MÚSICA
- HERMOSO
- TRABAJO
- SELECCIÓN
- CORAL
- CANICAS
- BEGONIA
- MULHACÉN
- QUENA

## #148

- EL PAN
- ESTÓMAGO
- MEDICAMENTOS
- TEMPLADO
- MALEZA
- OÍDOS
- CLASE
- ÁULA
- ALQUÍMIA
- PESCADERÍA
- INJERTO
- ARROJAR
- LISTÓN
- RÓTULA
- HIPÓTESIS

## #149

- NUMERAL
- MARTILLO
- HIDRA
- CHIP
- MANOS
- BALÓN
- BEBIDA
- PROCYON
- COLECCIÓN
- ALTAR
- TETRAEDRO
- VIVERO
- ALGA
- BOLÍGRAFO
- TENEDOR

```
U À K B O L Í G R A F O Z Á W M
V O Ú P P R O C Y O N B Í Ó G W
H P Ç Ú Ý N T L R B Y R O Q T Í
J N Ö Ú C A F D A M O L À Ú L Í
X B U Ï G X E D H D L Î È A Í È
O A Î L V A I Z E I Q È R B Í Ç
Ó L A I R B W N T Y A E Q È Ü P
H Ó B T E Z E R K Y M L Ñ F Ü Î
I N E B Í T A Á K U Ó Á T N Y R
D T V Ú R M C K N W Ó Î Z A J N
R À S I T Y V H O D M O Î X R W
A E D P V Î O G I I É A Ï K U Q
T Î I Ü I E K X T P C Ï N Z E L
G L Ý J E V R E O T E O F O X D
F X T È U W Î O À F I K O Ý S N
Z I C U C O L E C C I Ó N E Ý P
```

## #150

- HADAR
- TRIPLE
- SOFÍA
- ANTOJOS
- CILIOS
- VITAMINA
- PANQUÉ
- EQUIDAD
- BOMBILLAS
- SÁBILA
- PERA
- PASTIZAL
- ARABISMO
- ARETES
- CHULETA

```
À O Î I B O M B I L L A S C Ñ Ï
M E I F Q H S T Ü P Q L O K Ó D
S Q V N R E Í H A D A R Ö Z Ç T
Ï U U W T Ó P Ç J E Y Ï T U Ú Y
W I A E R U E O Q P A N Q U É Î
E D R R D É R O E K D A M L X C
K A A Ú Q L A Y E E T O A O Á Ì
Ó D B V S É R L N E E Z H F V L
Ý Ï I Ñ Á O P Á L X I O J A I I
Q Ç S I I I F U J T T Á A A T O
Ñ X M U R O H Í S W E L D N A S
È T O T Ý C P A A Á I M X T M H
Í Ý V X Ï Y P Î E B Ï R M O I F
Î J W B J D Ü A Á N Ï Ö Á J N S
G U X D M P È S M Ï Ï Ý W O A È
Y B Ö É M G X O X X E Ç U S Ï Ú
```

Page 76

## #151

- CARGADO
- OZONO
- CORTINA
- CAPILARES
- JARDÍN
- OSO
- FÓSFORO
- PORTERÍA
- MEMORIA
- PLAYERAS
- CHANCLETA
- ENTORNO
- EVALUACIÓN
- FINTA
- CÓDICE

```
S J J V W D K A É Ú T M F M A Ó
Ç W O Ö Z Í F Ç Ö G Ý C Y L B
Ý Z Ñ É X R I F F J G F A E R B
È C O Q E V D Á Z A À É P C X M
M S Ó T P G X Í Y R Ü W I A À E
O C R D Y L A S Ï D Q À L R Í M
B O D S I N A O H Í X Á A G Ö O
P Q È J I C N Y S N Q U R A G R
U Ü E T E R E H E W È Z E D Á I
Ú Ü R Ý O Z O N O R Í I S O L A
X O N T M N S Ç Ú É A Ó N T F Ü
C Ç N Ú M R K X N Ý Ó S U W I À
U E Á Ú T G F Ó S F O R O Ó N V
G K I G W R Ï G O È U Ï L J T O
Ý Í À Î M C H A N C L E T A A E
O V D E V A L U A C I Ó N D L Y
```

## #152

- CALUROSO
- METRO
- RESIDUO
- LITOSFERA
- TORRE
- BRONQUIOS
- AGENCIA
- CROCS
- LAS MENINAS
- FÍSICA
- FALDA
- POTENCIA
- HUMOR
- SOL
- ABUELA

```
Ç Q Ú È G Z E T R Y C G Ú Z V T
B R O N Q U I O S L U O Ó C A W
F T Ç Y H Z M R À K S Á U I L D
X G T O B U F R Ü O K M C H O A
W S S Ç H S T E R X Y N S R V Ï
Y Z L Ñ Ü X U U À H E Ú T A B N
R E Ç J F L L È E T Í E R Ý W Ó
Ú W P Í F A E Á O Ñ M E I É H R
Ç L À X C J N P S Á F A G É L Ü
S Ó F A L D A F Í S I C A P R A
D M I V T E Ý S O J J Í É È À B
X Z S O L Á Ç T R E S I D U O U
Ö V I W V J I Î K N C R O C S E
Z D N I Ü L H Î Z I J J Ý Ö Q L
N À Y N E Ö A G E N C I A U C A
Y Q L A S M E N I N A S C Ñ Ç I
```

Page 77

## #153

- [ ] TIERRA
- [ ] HORARIO
- [ ] EMANUEL KANT
- [ ] NEBULOSA
- [ ] ESPAÑOLES
- [ ] HIERBAS
- [ ] CHAMPÚ
- [ ] CORTE
- [ ] ARTISTA
- [ ] CHÓFER
- [ ] FABULOSO
- [ ] IRIS
- [ ] FAX
- [ ] CUBO
- [ ] VASO

| Q | H | E | S | P | A | Ñ | O | L | E | S | S | Q | Ü | B | G |
|---|---|---|---|---|---|---|---|---|---|---|---|---|---|---|---|
| Ü | T | F | V | F | È | B | N | E | B | U | L | O | S | A | Á |
| M | Ç | Q | E | A | C | A | R | T | I | S | T | A | F | C | Ï |
| Á | Z | W | J | B | Ý | N | Y | P | Z | V | O | G | X | D | Ý |
| O | E | Ó | K | U | B | É | D | J | E | W | J | Ü | Z | Z | V |
| H | M | A | D | L | W | A | A | K | H | R | Á | M | V | Ç | Í |
| E | A | W | G | O | Ñ | A | C | O | R | T | E | B | A | C | Ñ |
| X | N | À | C | S | I | R | I | S | Ñ | O | Ú | Z | S | T | O |
| G | U | Ý | H | O | K | Ü | B | O | S | P | Z | Ç | O | B | É |
| Ñ | E | O | Ó | T | V | F | I | É | M | Ó | H | J | U | W | Ó |
| M | L | T | F | S | I | R | E | A | M | E | I | C | Ç | S | Ü |
| V | K | X | E | Ç | A | E | H | É | Á | B | E | T | W | A | Y |
| C | A | Ç | R | R | Ú | C | R | J | Ó | W | R | A | Ö | X | Í |
| F | N | Ý | O | Z | E | É | M | R | Ü | B | B | K | L | É | É |
| J | T | H | D | E | Ç | Ç | Y | K | A | L | A | O | G | T | Î |
| K | Á | W | H | Y | U | Î | Ñ | Ñ | F | Ñ | S | Y | D | F | Ó |

## #154

- [ ] COLON
- [ ] PODA
- [ ] AGÓNICO
- [ ] TARÁNTULA
- [ ] ADRIÁN
- [ ] JAQUE
- [ ] JUEZ
- [ ] CAFETERÍA
- [ ] CIRCENSE
- [ ] DAMA
- [ ] CORONA
- [ ] POÁS
- [ ] AUSTRIA
- [ ] RINES
- [ ] CLARINETE

| M | C | L | A | R | I | N | E | T | E | M | S | W | X | U | L |
|---|---|---|---|---|---|---|---|---|---|---|---|---|---|---|---|
| M | C | O | A | U | S | T | R | I | A | E | D | Q | K | X | M |
| U | A | P | Î | U | S | W | Í | S | N | K | X | A | Ç | P | E |
| U | F | I | T | O | G | N | Á | I | Ó | P | Ý | Í | E | U | Ï |
| E | E | P | O | D | A | O | R | U | N | Ö | T | S | À | I | N |
| Y | T | B | À | E | P | A | P | Ú | L | N | N | Ó | Ï | Í | A |
| S | E | Ï | Ü | H | C | G | A | Ý | B | E | J | A | Q | U | E |
| R | R | C | H | Ü | F | Ó | D | D | C | J | L | G | A | C | E |
| Í | Í | J | U | E | Z | N | R | R | Z | É | P | Ý | N | O | L |
| U | A | Q | Ú | A | Ï | I | I | U | E | R | V | Ú | À | R | M |
| L | C | À | E | X | T | C | Á | Î | B | P | M | Ü | N | O | P |
| Y | Ú | Y | B | Ó | Y | O | N | A | S | Î | I | O | B | N | É |
| O | G | X | P | A | M | I | Ü | L | O | Ý | L | V | Q | A | Í |
| J | Ü | I | M | K | Y | N | R | Ö | Ö | O | A | À | X | U | Ñ |
| B | C | A | M | G | G | D | Ñ | Ö | C | W | V | F | V | Ö | X |
| B | D | Ç | V | Ç | Z | T | A | R | Á | N | T | U | L | A | Ç |

## #155

- CAMIÓN
- HERVIR
- BIELAS
- MONITOR
- BASTANTE
- CUZCO
- FOTOSFERA
- SAUCE LLORÓN
- LAGO DE LAVA
- LUSTRAMUEBLES
- CÍCLOPE
- MATEO
- ARÁBIGO
- AZÚCAR
- SANTA MARTA

```
Ú H F O T O S F E R A Ú O G F Z
S S A U C E L L O R Ó N Ý S À Ö
J B Í M O O J Í O F É A Ç Ç Ç R
Ú C P E G Ý A G K A R T Z Ñ A V
Î Ñ T B V H I E C U Z C O C É B
Ö A K T A B I E L A S S Ú T L K
M G J Ý Á S M H C D A Z B Ï A E
S È W R È Ý T N E D A L S Ó G Á
M X A C Ñ E Ó A K R Ü Ý L W O W
V Ý F J G I G J N Ü V T S I D M
Ü Î R T M J R N R T Ñ I É F E O
P Ý À A C Í C L O P E J R Ó L N
É È C Y Î R K Ó V N O Ç H Ü A I
S A W W H X V F A U È J Ú H V T
L U S T R A M U E B L E S Ç A O
M Ñ U V L S A N T A M A R T A R
```

## #156

- RAÍZ
- COYOTE
- INYECCIÓN
- ACANTILADO
- BLOQUES
- DEMANDA
- ELECTRÓN
- PARALELO
- TOSTADORAS
- BALCÓN
- HIPOCENTRO
- FAUNA
- ESTIGMA
- AEROSOL
- DEMANDA

```
J Q D Í I B V P È H U H Q Z Ö Ý
K Y E D E M A N D A T U E H É S
N Ú M Q É Ü Á Ó L T Q Ú S Ï T I
Ö È A C A N T I L A D O T X O I
Î Î N H V E W H N Y T Q I E S N
Î I D I R A Í Z M Ö A J G L T Y
Á È A P Q C C O Y O T E M E A E
F A Ý O E È C F Ñ B D Z A C D C
O A R C P S G W W L F L S T O C
Ü É U E A N B V O À I E G R R I
Ç S G N R V Ý S B L U N E Ó A Ó
C E R T A C O Ý F Q Ó H F N S N
H R Í R L R Î G O C Ö Ü Ç É Y Ó
Z S Q O E Ó L L L Í Ç Ü Ý Î É M
W Ï S A L À B A É W Á Í Î E Ó È
H P Z T O Ñ B É Ñ Q Ü S H U K W
```

## #157

- PRÓTESIS
- BABY SHOWER
- GEOGRAFÍA
- LIRIO
- ALFIL
- PLANO
- VINO TINTO
- NUEZ
- ALBACARA
- TALADRO
- CUPIDO
- MEJOR
- RADIACIÓN
- BATEADOR
- EXCLUSIÓN

```
P L A N O R A D I A C I Ó N V F
H S Î J D W D J Ö Ç W Ú A G K Ý
T C B A B Y S H O W E R B M P F
Î B T A L A D R O Í È Á Ñ À S È
X E A L I R I O F Q I V E I M A
A X Î T J É Ü B À Ú J Ú S H Í Ç
L C À M E J O R H S Q E Ñ F M F
B L V G U A L F I L T Z A S Í È
A U Ñ R C D K Í Ó X R K E Ñ Ñ
C S Á K O U R O R N G N T K N E
A I Ç G D P J P R O Ó U M M I Y
R Ó A Q Á I K O E X X E S C A J
A N S Í X D Z G M Á H Z Ö B H F
T E B M C O V I N O T I N T O Q
Q Q M Ö K C Á Q R Ö É M Q É O J
E Ó Á H Í B Ö È Ó Ï P J X Á Á P
```

## #158

- BÓVEDA
- VALERIA
- ALMEJA
- ESPALDA
- INCENDIOS FORESTALES
- SANITARIOS
- CASSANDRA
- NARIZ
- CENIZA
- GANADOR
- ACADEMIA
- ADVERBIO
- PÁGINA
- GORDOLOBO
- JUNTA

```
S A N I T A R I O S W H R Ü Q À
Ý V A L E R I A Ç H Ü Ï L M T À
À C Ý M C F C Ú Ö B Ó V E D A Ú
W E S P A L D A A G Q I F R A C
G H Q L J A Ú Q L O K Ñ V A M A
A L Ö À T I E N M R V P S Î F S
N P Q N C Ý J A E D J Ý I È Z S
A C U C E S Ú C J O Ñ G X Ñ C A
D J B Ý N Q Ö A A L A X C J Î N
O H M Y I K D D Î O O J X G C D
R Ö Í À Z Ü W E K B O L J E V R
Z Ü M Ý A Ç Ý M D O P Á G I N A
T Q Ç Ü B Ó E I Á R E U À Ñ K W
N W K Z V Ñ Ç A Ü Ú K Ý Á X B Í
A S X N A R I Z G Í L W I Ñ C È
E S A F T J A D V E R B I O Ý H
```

## #159

- ALCANZAR
- MARINAR
- AUTOBÚS
- GINGIVITIS
- LÓGICA
- EDUCACIÓN
- ALCOHOL
- MANGO
- TREN
- COSECHA
- POCHAR
- CUEVA
- TIMINA
- COLONIA
- RAMEN

```
A U T O B Ú S E P Y P S F Ç V U
Ï C Ö X G W E V O K Í B U C S K
L F U L J B O O C J G J R O U Ú
Ú Ó A E À Ó Î R H D Ó A U S X W
U Y G L V P U W A Z N Ü W E R I
G Q Ñ I C A N S R I A Î I C M V
I T Y M C O B P R V G N C H C M
N E I F Y A H A T R E N O A L N
G C Ñ M Î R M O R G N D L I K Q
I R È Ï I Ü W Î L Ï J È O O M X
V A P G J N U F Ú Ó Ó M N Y G J
I M M À Ï M A N G O X Ï I L S A
T E B Á F H É W A Í Î S A È E K
I N À H A L C A N Z A R Î X Y O
S G L A D Y Ü À À È I X Q P À W
Ï K E D U C A C I Ó N K F T Ý È
```

## #160

- HABLA
- TSUNAMI
- ALCOBA
- LUCAS
- PLOMO
- ZANAORIAS
- PREMIO
- FÉNIX
- LICOR
- SHORT
- VENAS
- PALINOLOGÍA
- FRESCO
- AZAFATA
- SALMÓN

```
S S A L M Ó N Í B D X R B Ï F A
A J Ö A Z A F A T A Î Z U P È J
R M Ü M I F R E S C O S B L Ý Ñ
M L Ú Ó J É É Ï N I S A Ü O À R
Í I S Ï Ö A E H M A Í S D M F S
X C Í Q E É P A N G S U S O É Ö
J O Ö B R Ú N E O A Ï A K Ç N G
R R D H U U V L I À C À G E I H
É Ñ N È S Q O R S U Q Î B C X F
È À X T É N O A L L Y K Q A X È
À O K Ö I A L Y A N À É Í L É Ý
Í Ó L L N B Ó S O H P T X C J R
Ú É A A A S Ñ F I M R H P O K B
S P Z H D Ü M Ý À O I G Í B P Á
U Ú Ï W W N Í V H A C H D A U H
P R E M I O K S X U R Á È F Ñ Z
```

Page 81

## #161

- CONJUNTO
- CUERDAS
- COCER
- PLÁSTICO
- METAZOOS
- MARIPOSA
- ELECTRÓN
- COMPÁS
- FÓSIL
- METEORITO
- BUHARDILLA
- DOCTOR
- PLANTAS
- MEDIACIÓN
- COAHUILA

```
Ü L D À W Ý V W J T À U T Ö F D
H Ý J U Á Í M E D I A C I Ó N N
C O C E R F Z F G Z Ç L S F N É
L E C H Y E C Ó U R T Á D Ó Ó S
A Ñ P O Î O W S Z Ü P Ó R L A R
M V L N N Ö Ç I B M Á T Ç D B M
E C Á D È J M L O Î C E R N U A
T O S O À J U C J E M E I V H R
E A T C À P F N L J U J S Ç A I
O H I T Ý H L E T C W O Q Î R P
R U C O À R W A I O O C Ü L D O
I I O R U À È F N Z Ý H Z Q I S
T L H Y Ç M O Á A T Í W R N L A
O A Ú D K Y É T Z Ç A K L Ú L G
R R R À O Ö E H Ü G Ü S Í È A L
À W Ü N Ï M Ö H P V É M Ý T Ú Á
```

## #162

- DISCO DURO
- REGULUS
- RUMBA
- SERES VIVOS
- MAZO
- SOL
- BUCARAMANGA
- MUJERES DE TAHITÍ
- DOCE
- ERROR
- ROJO
- EL LEÓN
- FLORA
- JERBO
- LICOR

```
L M U J E R E S D E T A H I T Í
Ý Q B Ó D É D O C E A Ý L Ó M Í
B E M V M A Z O B Y S D Ï N Ç M
U D I S C O D U R O Ó É Ú D Ï U
C Á L G N O H Y V E Z I F M N Ý
A Í I Ú Q Ó J I Á M À V A S G P
R L C I P O V E Á Í N Ç V O E I
A Y O Î Î S Ü I R M G I V L L Í
M E R Z E Ñ N R E B V B C W U W
A Q R R Ç Ó L U G W O R Q X È À
N F E R E À É M U L H G O Y D P
G S Ý L O Ï E B L F E Z Ñ J Î Ó
A Y L Ç G R V A U L D G Ú Q O M
R E U S Ö D W É S O X Z W D V H
R P F S R Ç I R À R P U W F V Ü
S Q K K W A J N F A É U Ñ K T È
```

Page 82

## #163

- PITÁGORAS
- ADRENAL
- AGRACEJO
- PERIDOTO
- GALLINERO
- ABSCESO
- TARTA
- PARAJES
- LINCE
- PERRO
- MALETA
- MUCHO
- REGALOS
- COLUNGA
- CABEZA

```
X Ó A Y Ü P A X Q F X Ó Ö É S T
Ï È Ú K E T D Ç Ý U Í G Á Ç Y W
Î Ï M W U A R G A L L I N E R O
M U C H O R E E J N H È Ý G Á H
M E C È N T N P I T Á G O R A S
R H A O R A A L I N C E Á Z A Ý
P E S B L Ö L F À Ï W H K Z V F
K X G B S U V Ñ I S M Y E T A Í
Ñ X P A A C N Ç J È C B À T È R
Z Z K E L G E G X O A Ü E O T P
V U O J R O R S A C Ü L Ö C U Ú
N Q R B J I S A O W A B Ú F È S
Q P E R R O D E C M É Y Ü Y K F
Ö L G Á A L Y O W E M Ö V D A X
P A R A J E S O T U J R K N U L
L Ü J Á F P Ó Á Ý O L O B Í À È
```

## #164

- ANIMAL
- BARRIO
- ANITICICLÓN
- ESTÓMAGO
- ACÁ
- TERRESTRE
- CABALLERO
- COMADREJA
- BAILAR
- CAZUELA
- LIBRO
- CEREBRO
- ARIETE
- ROMANCE
- SILLAR

```
V G B M T Î N O R Ö Z T É M A Ñ
E A A N Á E Î Í H I B Ç Ö M N Ý
S N I U U O R B B È M Ú A Ï I N
T I L M E Á J R U A S N M I M H
Ó T A N L I H Ó E H R Ý N Z A B
M I R M I I Î U Z S S R Ï Ü L C
A C P Î D Z B R F Y T H I Ó Z A
G I O Ü F W N R R A C R A O Ü B
O C C M Ó Ó I A O N C J E U F A
W L U A A Ö G X È D I Á K K Í L
S Ó É Y Z D J Î K À Ï T Ú Ó Ý L
M N Í Ó X U R Á C E R E B R O E
Ü W A À K C E E A R I E T E Z R
Ý S I L L A R L J O É R I X D O
Ú N Í O Y C K É A A L G J T É Ó
Ï U B Ï O É L R O M A N C E Í N
```

## #165

- BOQUILLAS
- CONFETI
- COCHE
- MAYOR
- SACAPUNTAS
- ESCONDIDAS
- TEXTO
- SILLA
- COMODORO
- FOTÓN
- GELDITSIA
- LA GIOCONDA
- EGIPTO
- DISGUSTO
- GEOLOGÍA

```
X Ó Q K Ü B O Q U I L L A S X È
X S Y P Ó I I M C Î É Y D Ñ É V
H V Y É J L U A B O F É Q È Í Z
È G T T Ý É K Y Ü Ç M O Ý Q Ó L
L E Y E Ï U P O C Ú G O T V Á Z
A L N X Ñ Î É R O C B D D Ó É À
G D Ï T D I Ó I N S P Ú Q O N Q
I I Ï O N U Y Ö F Q I Î M G R Q
O T È U R Î Ú Ç E Z Ç L G F H O
C S A C A P U N T A S Ñ L G A P
O I E S C O N D I D A S E A K N
N A E G I P T O Ï A J C O C H E
D Ï Ç M Ï G E O L O G Í A V Ï H
A G F Ï N À À A Ü Á F P W D A N
Í M D D I S G U S T O É Á D I H
Ó K P S M C Ú Ú P Q D L O Ï M V
```

## #166

- BROCHAS
- CÍTARA
- FLAGELOS
- EUCARIONTE
- GOLF
- ALQUILAR
- HACHAS
- SEGUETA
- GUBIA
- MERCANCÍA
- MOTOCULTOR
- CARNET
- MÍO
- ANTIVIRUS
- SATISFCCIÓN

```
R D R S A T I S F C C I Ó N R Î
K È B E U C A R I O N T E Z M Ú
À Î C Ï Y K C Í T A R A Ï Á E X
M Ï Q S E G U E T A Ñ B D Q R D
O Ç W U R Ñ Ý Ú U M Ó R Ö Á C P
T F F A É F S Ç Q X D O Ú D A B
O A L T D E P B I I X C Ï M N B
C É N A O Ý O P H Í Ö H S B C Ï
U F C T G G U B I A Z A L Z Í S
L É Ý Ú I E C Z Y Ö A S Ï E A G
T J P O G V L E È Î H A C H A S T
O I Q M Í O I O Z Z Ü G Ü Ö E C
R I U A B J Ö R S Î É E O N Ü Y
K J B N N H Y N U K Á G R L X Í
Î L Ö Ñ Ö X M À H S Z A Ü Q F Ï
F A L Q U I L A R L C Î F Ö U Z
```

Page 84

## #167

- PATEOS
- GIMNASIA
- CHAT
- BARBACOA
- SUELO
- TRITÓN
- EROS
- TEIDE
- MOCHILA
- DIBUJO
- HIJA
- CHALECO
- OLFATO
- ESCUELA
- ACHIOTE

```
P G Z Ö Í Z M F Z N Á À K Í Ú Ì
A C H I O T E L Ú A Î H I J A L
R T D O S Ü T A C H A T Î U R Á
D G R I Ñ Ç Í Ï O C À X X C W Ö
U G W I B Ú C Ö Ö Ú E S D Á G Ç
D M T C T U M Z Ê W B U A V I M
Á U É O Ö Ó J S K E A E Í Ï M O
J K X B T Ï N O É R R L S À N C
P A T E O S P L O O B O Ñ O A H
Q O Á É A Ý H C Î S A M Ç Í S I
È Ü L P Ý V E F Í U C Y F N I L
J Î D F Á L F Ü Ü K O J T G A A
Z Ï Í À A Q È Z È Ü A Ñ E D H T
Ö É P H Ó T Q V Ï Í Ï F I D Ï X
U C C À S Ó O R Ï X V Ñ D O C A
Ü Ö E S C U E L A U È J E W C Q
```

## #168

- GUITARRA
- CARRITO
- NECESARIO
- ESCULTURA
- FLAMENCO
- COCO
- APRENDIZAJE
- ESMALTE
- OAXACA
- VOLANTE
- PISTACHE
- YATE
- GUAYABA
- HADES
- HÍGADO

```
Á Ï Ý Á G F Ý Î E Ú Ö Ú Í Y Í Y
Ü T Ñ Y Ö B M H K E W Á A O Ñ E
Ó L Ý Ç Ú J C Y T Ö Ú R I X Ó Ï
I Q T Ú E A C N N G R R T R Ñ Ý
È Î K U T X A O Ü A A Z C Ï É R
Î S Ç S Ó L Z G T S H Í G A D O
Ñ M I P O Ú Z I E A J K F E K L
M P F V C Ñ U C C Y X E L S J U
L Q Q Y A G E A Î V T Ö A C L T
À Ñ Ï A N N X A S L C S M U L É
Ç Í É T J A B E A R A Ó E L F J
Z Ï T E O A D M W D R T N T Ý B
V Ñ L I Y A S N P O R Ú C U H Ü
B Ç M A H E U M C H I Ï O R J O
Î I U À C Ý Ý O C Ó T Y I A O Ö
S G G B Ý P C O K B O W Ñ X E J
```

## #169

- [ ] EPIGLOTIS
- [ ] MUSEO
- [ ] BOLIVIA
- [ ] INSTAGRAM
- [ ] ARGÓN
- [ ] ABSCESO
- [ ] ACORDEÓN
- [ ] VELAS
- [ ] PIEDRA
- [ ] PESCAR
- [ ] RESTAS
- [ ] COMPRENSIÓN
- [ ] CORO
- [ ] IRONÍA
- [ ] JOYERÍA

```
Ç À Ï L M C I R O N Í A M E H
V Ó À Ü À R È O M Ý Ï A T O Á Ï
Á A M C O R O Ç X U H G S V Á Á
G Ñ Ü W H I Ç O C S E Ö Ú Í I
Q Í O J G P Ó N X É C E Z Á Ç G
Ö G Î H B Ï I T S S Z O O B M M
L Q R Á Ñ F A E B T I A É Ý À Q
J N Ü A N R Ü A D I A Ó R Ç Z I
I P E S C A R A H R M G Ï G É Ç
Ó L C B I T Í Á N W A G R M Ó Q
Y Ú Ö Ö Á R S R E S T A S A R N
Ç Î Ö È E A M Y Ó Á Ó U P À M È
O L X Y L C O M P R E N S I Ó N
K B O E A C O R D E Ó N Q Ü C Ý
C J V Ñ É L C B O L I V I A Ú Ü
Ï X W E P I G L O T I S J É A K
```

## #170

- [ ] FALSA ACACIA
- [ ] SIMUN
- [ ] AROMATIZANTE
- [ ] APÓDOS
- [ ] BARRA
- [ ] ANESTESIOLOGIA
- [ ] OCEANOGRAFÍA
- [ ] NEGATIVO
- [ ] ASIENTO
- [ ] INTERNET
- [ ] JOULE
- [ ] RECTA
- [ ] REVISTA
- [ ] AKAKA
- [ ] VENUS

```
Ý S F K Ï F A L S A A C A C I A
A Ü L O C E A N O G R A F Í A Ç
N W Ú B N E G A T I V O L B Í E
E Ü A F U R È Ö E Ý G Á È B T G
S Q É O I Ç B Ö A Ú P L R N W M
T I Q G O H U À Z Z Ó A A Ó G Z
E Ï N A P Ó D O S Ó J Z K F W Ü
S Á P T D Î B B R À I O A A Ï Ï
I B À B E Ç G C A T Q T U W K V
O S È A Ü R Q Z A S C Ö E L X A
L I Y R T T N M V E I T W Y E G
O M Ç R Ç É O E R E È E Ó Ó L I
G Ü É A Ï R Q P T I N Ó N R E È
I N É Ú A Ç U W M D È U Z T C F
A Ñ É Ú D E X P É Í Ú Ó S H O À
Ú C É Á Ï F D V R E V I S T A È
```

Page 86

## #171

- CONTADOR
- SOMBRERO
- FARINGE
- CAMINATAS
- LIMA
- OLA DE CALOR
- CRISTAL
- MANDÍBULA
- DUELO
- BASTANTE
- ISLA
- LLEVAR
- VIENTO
- CODOS
- FRANCÉS

```
Î É R O L A C Ý F A R I N G E C
Á Ý E Ý I M A L Ó V Î F M V L R
W C Á J M T M L X H T U M Ú F O
Ö Í Ó Y A Ñ I E O Í R U A S R É
I Ç R I W Ï N V Y U D I N O A O
G M C S M Ç A A Ç Ý S Ö D M N L
Ï O B L H Ï T R Ï O A H Í B C A
É C L A D Ý A L D Ü Ï J B R É D
Ü À R Î S J S O O Y Ç T U E S E
A K É I G T C A Ó V Ï Z L R I C
R D Ú Ú S H A Ú U H I Á A O Ü A
Z O U Ú Ü T I N L Î Q E F U V L
J M D E F L A Î T Í H B N É A O
J V T Ó L M Q L O E Ç É R T Ý R
G Ö J H L O N W Ï Ú Q F Ý Ý O Í
Ñ Ï U O Ý Ú L C O N T A D O R N
```

## #172

- MOLUSCOS
- ALMACÉN
- SUPERFICIE
- MAYORISTA
- GÉNERO
- MAZATLÁN
- PEDIATRIA
- INVITACIÓN
- ORDENADA
- ABONO
- COMPETENCIA
- COMPRA
- DESODORANTE
- ANNAPURNA
- RESIDUO

```
D A J D E S O D O R A N T E È Ï
Ü L C W Ç Ñ O R D E N A D A À N
A M M Y I N R V M O L U S C O S
N A Q J Ü S È M J G X X A É R U
N C H T R À U L A W E I À V J C
A É Á Á Q Z W P Y Z R G Ó F A O
P N G É N E R O E T A U B T V M
U Ó I W I L Ñ É A R È T S A V P
R Q Ý K Y K Y I C Ö F I L B Y E
N U È Ý O O D X O O R I H Á P T
A E R T N E Î U G O M M C H N E
Á Ú V O P È D À Y Î Ú P S I Ï N
E R B E J I Y A J W G Ó R F E C
Ú A Ñ Ç S Ç M Ü T Z H K Ö A Ó I
M Ó C E I N V I T A C I Ó N È A
X A R N Z S À Ö R Ó Ñ E Ý B S O
```

Page 87

## #173

- CLON
- EPÍCURO
- CATALIZADOR
- URUAPAN
- FÍSICA
- COPAS RÁPIDAS
- BIZANTINOS
- TIENDAS
- ATAQUE
- GIMNASIO
- PEINADOS
- MARTILLO
- CANTIDAD
- SUAJILI
- TOSTADO

```
R D K N C Ü C G J A Ç G Ü T É O
C Ó Á Ç É A K U O V É W F T S Î
A Î Ç Z F F T R R W É Ú D U Ç
N A Î L U Í U A T U E R À Ï A Ï
T C T Ö G C S G L O A K H È J N
I A S A Í Ó U I I I O P È W I Ý
D V Z P Q W Ï S C L Z R A S L Ó
A G E F R U A B L A Ñ A A N I C
D Á A È È N E I O Î N D D Ý R X
C Y V M M Á T D N H N Ö L O O À
R X V I À R A F C E Ï È K L R V
K A G J A T S Î I D Ï Í U E S Í
M T Ö M S Í K T T A F D Ç Y A P
Ú D L O B I Z A N T I N O S V B
Ï Ç T Q Ý P E I N A D O S V Î S
W K L È C O P A S R Á P I D A S
```

## #174

- PIERNAS
- TIERRA
- DELINEADOR
- LHOTSE
- MENDIGAR
- PUENTE
- NÁUSEAS
- CABALLETE
- ESCACEZ
- TEJIDO
- LLUVIA
- ASPILLERA
- CURVA
- TRABAJO
- OASIS

```
S D F J Ü A X F A C R F À U K Î
R E K L A S P I L L E R A B Z Î
D L Î D H É Ú À Ñ T I E R R A M
Ñ I K Ç P O Ö Y Ö O Z S J C Á E
K N U W I C T À F Í Ñ A N U U A
È E Ú X E W A S B D J Á Á R S S
N A È Ú R O L B E W Á U U V Í Á
S D I D N À A F A U R A S A S U
H O R S A É É S Ö L Á N E Ï T W
M R Z V S Î I T I Ú L A A F T N
Z E S C A C E Z N S I E S Á R M
Ö M E N D I G A R V M Ñ T S A Ñ
X H E H H D Î Ñ U Ü G Î Í E B Ñ
I U K V È V É L P U E N T E A È
U C Ó P Ü V L Ó È N C E Ñ Ö J Ç
V Ï À D T E J I D O R C P E O W
```

## #175

- ECUADOR
- HEBE
- AUTOCLAVE
- RECTO
- ECOSISTEMA
- BATERÍA
- PINTURA
- ESTANCIA
- DESPACIO
- PÓLUX
- PEDESTAL
- CARTAGENA
- APÓLOGO
- TUBA
- OXÍGENO

```
Ï V H Ý R C A R T A G E N A Ç T
Ü V O X Í G E N O Ú A Z K P B R
Á E S B G À Á L A I H Q I T Ç A
Ó U E Á P Ú A R C Q E Î L Ú Í È
H K Í A M T U N É R B L Ú R A Ý
Ü B Y I S T A F Z A E O E R I J
D Ö Ñ E N T K Y Ý Ï T T K L Ú V
E A D I S Ö P À L C A T Ñ D K Ï
S E P E M M Q Ó E B A Ï U R R Ü
P P Q C H I Ï R L Á V Ñ G B À X
A Ñ F Ö K Z Ç E T U O N Ç F A À
C N A P Ó L O G O M X C B M Ü X
I J Ó Y E C U A D O R P Ö Á Ö S
O R E C O S I S T E M A C W F E
Á Î X H Q Ó F A U T O C L A V E
M S U Ï E F C D U C H Ï C I Ç Z
```

## #176

- GINGIVITIS
- BARCO
- POLÍMETRO
- BELLEZA
- BASE
- HIPOTENUSA
- DISCO DURO
- LLANURAS
- GENEROSO
- TIENDA
- JUGUETERÍA
- CAJA
- ANALÍTICA
- TUNDRA
- DIAGONAL

```
G É J V M À Ñ É K Y Ç Ü É V O R
B H I P O T E N U S A È A R M Ý
E D W N G E N E R O S O U X S M
L J B Î C À È T I E N D A I A Ï
L R W G A T K O C O O Í T C L I
E A Ó W J À C S R C R I I A O È
Z Ö È À A R N T S E V T N T L Á
A O P F A Ç E I T I Í O P Á L Ç
I I F B K M D E G L G M Ý U A D
Ç V F A Í A U N A A Ç B È Ó N À
V B K L I G I N I Z F K B B U R
P O O W U G A D G É W Q B X R È
P P Q J Í Q I T U N D R A A A I
Ü Ó Q P J O V E P P W Ñ S H S P
J Á Î À D Q É Í Ñ Ç Y U Ó T J E
L C W O Ö V A X É Ï P Z X F Ú F
```

Page 89

## #177

- ☐ TINTA CHINA
- ☐ CARRITO
- ☐ DESPEGUE
- ☐ ACUEDUCTO
- ☐ ALMOHADA
- ☐ CORBATA
- ☐ BALLENA
- ☐ BASURA
- ☐ QUE
- ☐ MANÍA
- ☐ CAPITAL
- ☐ RADIO
- ☐ RENATA
- ☐ ALMIDÓN
- ☐ GARRAPATAS

```
E M J W É Ï Ç Ü U Ü H E Ó G U Ï
S R Ú L V U C È X Î Q À A Ç W T
G Î A Ç Ñ Ñ A D E S P E G U E I
A X Î D C K R M À B A Ú Ö Ý X N
R G H Ï I Ï R Ñ V A N È Z Í Ý T
R W K Ç Á O I T Í L S Ö Q W U A
A J A E É T T X Ï L Ú G U Ü Ö C
P Ö Z S Í K O F T E A J E Í A H
A A L M I D Ó N Ú N M À S T Z I
T K Ñ B A S U R A A X A A M P N
A K G E Ç T Ñ J È X N N Ö A A
S Y A L M O H A D A E Ç I Í K L
N Á S Ü Ñ X Ö C X R P U Q Ç A Î
Ç Í C A P I T A L B N Ý G W Q D
Y X B Ú C O R B A T A V J D Ï Z
X Ó Ö B C A C U E D U C T O Q Ó
```

## #178

- ☐ HAUMEA
- ☐ JIM JIM
- ☐ OCTAEDRO
- ☐ EVOLUCIÓN
- ☐ ESTABLO
- ☐ INGLÉS
- ☐ DIRECTRIZ
- ☐ PAULA
- ☐ MONUMENTO
- ☐ RUTA
- ☐ ASÍ
- ☐ VESTIDOR
- ☐ ATORNILLADOR
- ☐ ESCÁNER
- ☐ BOLETO

```
Ó È N À D W R U T A H T J Ý M Ñ
I Ü Í W A T O R N I L L A D O R
Ó S Y F À P W O C T A E D R O Ö
A Í E S T A B L O V É N O N M Ó
M O G O L K H R X V B D S I G E
O C Ü Í Î È O R Z Y I Í J Á Î V
N I Ú H Ç Í Z I A T G M N F A O
U G Î I Á E É E S A I Ñ T L Á L
M B P F À Á M E Ü J R W U S O U
E G K B Ó U V S S L À A É T K C
N H Ó É A Ü É R Q C P Z E M G I
T A Á H N L Î Y A T Á L C C Í Ó
O Í H R G É U Ï Z Ç O N I O N N
W W P N S K S Ç Ú B T V E X Y W
Q N I À R Ñ À X Ö Ö M Í G R T B
L W Í D I R E C T R I Z Z K M Á
```

Page 90

## #179

- COLÉMBOLO
- CERCA
- GORRA
- MASCADAS
- ATOMIZADOR
- BIENES
- LLANURA
- GLÚCIDOS
- PAPELERÍA
- MENTA
- CIMENTACIÓN
- HONRADA
- VISITA
- CICLÓN
- ARPA

```
S Ñ G Ü R Ü D B Á V T P S Ñ Ñ Ú
È X O L Í L G I Ö Ï F A D T Á N
A R R U V F E E P L D X É Y S V
C É R Y H Ý À N Î A L S P F Á Í
I C A Í K Á Î E C À O A R J B B
C I É V I A Á S P D M Z N È O J
L M È A N Î A N I E P C B U O S
Ó E U H R M É C W M A O V Q R D
N N Ñ O Y P Ú M I E P L I Q Ö A
F T R N X L A Ñ A N E E É S Ï Q Á
B A Í R G Ö Í C A T L M I I D Ç
W C N A L Ï R L I A E B T K Ú Ñ
G I E D Ý E È Ç J E R O A G K À
J Ó W A C I X J U Á Í L Ú Ú Ï A
G N Ç K T X E F R Ö A O D H A Ý
D V È W E A T O M I Z A D O R À
```

## #180

- TIGRE
- HOTEL
- PANTEÓN
- NOBLEZA
- RUANDA
- FOSO
- DIÁLOGO
- PAPAS
- BAILABLE
- CARROCERÍA
- AHORRAR AGUA
- PINGÜNO
- PLECO
- ARCO
- TABLADO

```
Ü M T T Q P Ý O K Ç X Y L U À Ñ
N Ç A T I É A B G R U L È Ñ Ý Ý
J E G Z I Ú G C O T H J O L N Ç
D C Á F Ú G È Z A A Í C A C K Z
Z A A G Ö W R D L B E U Ó Ç A J
Í R Á I Y B N E O L G R Ü Z H A
L R D Ü C A Ö G P A H K E B Ö Ó
G O I J U L X È R D A L R A P W
È C Á R Z I È A O O B O E I A O
U E L Ó S J R S Q O N Z Ý L N Ý
E R O T U R O G N Ü H M Á A T È
Ó Í G I O F I I G F T O X B E D
X A O H E O É N U D D Î T L Ó É
X L A É C Ý I R Ñ Ï U F È E N Ï
R M C R K P P Ó À A Ï Ý C S L B
T B A P A P A S Y H W D J Ý R T
```

## #181

- ESPONJA
- FAMILIA
- CINTURA
- MADRID
- PESCADERÍA
- PELACABLES
- AVENTURAS
- LAS HERAS
- AVESTRUZ
- INGLÉS
- EXTRA
- CARLOS
- PACIENCIA
- CANADÁ
- DIBUJO

```
I B X K V A E E L A S H E R A S
V B L À O G Ý Ý C I N T U R A Í
C Ü Y W Á P A C I E N C I A M Q
E A D K Ç W P I K F U T J B O Ï
Î H N I Ü W A E I E A Z X Ó Ó S
E C F A N À T V L K X M A K E Ï
D S A Á D G M T E A T T I Y V À
K I P R C Á L A A N C Ï R L Z È
A É B O L W K É D V T A Ñ A I A
P À M U N O Ú T S R E U B Y N A
Z Í G Ñ J J S Ú F Ó I S R L È Ö
P K L Ö U O A Q S I I D T A E È
Ç É R Ó W D H Y J X L P Î R S S
Ö U U I P E S C A D E R Í A U Y
O I Í À A L O Ï È À I Ç È L N Z
Ú À Ý S Á Ú D Q F W O M Ó Î Ç U
```

## #182

- ALBOROTO
- FRENTE
- ARADO
- CULTIVADOR
- TÁLAMO
- AEROPUERTO
- CORTOMETRAJE
- CIRCO
- MUTACIÓN
- ÉTICA
- CONGA
- ACONCAGUA
- PERLA
- ONOMATOPEYA
- RESISTENCIA

```
J Z Î R A E R O P U E R T O À J
W Z Ý C U L T I V A D O R Ü Á Ç
Á O É C O R T O M E T R A J E T
R T F T J C O N G A V U X K È A
E Ö Ñ Ü I È B F Ý Z G B C M Y A
S W Ü Ö S C À A M A Ñ J Ü E L E
I X Í É A F A E C É C Q P R Ú N
S F G N C Ý T N L I Ú O E X Ó Ö
T V G Ü Ï N O Ñ È E T P J I Q Z
E É È Ö E C Ó Ö G A B I C K Y Q
N C B R A P T S M Î B A Z Ï Ý Y
C I F O A L B O R O T O T Ñ Z Ñ
I R J X E Ï N Ç Ç U M Ü S Ç Ï G
A C Ú Ó Ö O J Z M I S À Ï F H A
É O M U P T Á L A M O U Á C W Q
Y Ç N Ö Ï H V A R A D O À X P È
```

## #183

- RED SOCIAL
- DIVIDENDO
- MONOZONITA
- AISLANTE
- PESPUNTE
- CHILENO
- TRUSA
- RAÍZ
- CONSUMO
- FICCIÓN
- HELIÓGRAFO
- MITOSIS
- ECOSISTEMAS
- PUÑOS
- ECOSISTEMA

```
M I T O S I S Ó Ñ À P F L Î F Ö
È J H E L I Ó G R A F O Y Z K D
W D I V I D E N D O X G H Á I È
K E C O S I S T E M A C A L S R
Ý S È B F I C C I Ó N À W C É Ö
A I À Ó E C O S I S T E M A S M
J M B A F T O V C O N S U M O O
V N Ö P I Ñ T R U S A H Ó Z Ü N
V A T É U S D Ñ Í N É E I C É O
W Ý K P H N L X W Ü G P Î I B Z
P I Í C D Ü J A K C C R H V Á O
Y Ç T B È X Ü E N Ï K A T Ö À N
É Á C H I L E N O T Ñ Í W A V I
E R E D S O C I A L E Z W M H T
Î P E S P U N T E I Y È I M Ü A
J Î U Ü Á Í Ï Y R Í K Ï K F H F
```

## #184

- JUGADOR
- PAISAJE
- ORO
- RASTRILLO
- RECEPCIÓN
- BOQUERA
- LLANTA
- GRAJEAS
- DIRECTIVA
- ENTEROS
- PUERTA
- AHÍ
- CARLOS
- ORO
- PLAZA

```
U J Q F Ú Y T D È Î T Ï À Ú K C
Ç K J B P A I S A J E Ú E V T D
D Z Ç Ú F Ó R È J G È A J V O J
I M L Ö Á U Í L A U P L A Z A M
R È Ý Î S H O Î L Ç G F Í Ö V Ö
E Í B S A R H Ñ Î A N A Á I H N
C Á A Ý O B É T G Ó N Ö D R É E
T Y I Ç A O B P I O Í T P O È H
I O Ï É W Q Ö C L P Ö K A P R À
V O R À S U P L A Î É W H O Á É
A Ü Ó O B E I U Ú Ý P É Ó Ó Ñ A
Q Ý G Ý C R N Í E G R A J E A S
A Q Ñ E T A B S Ý R D Ü O O Î N
O Ü R S W À Z Ñ Ç A T T È Í H X
P P A A E N T E R O S A Á R Ü É
L R P V Ç C A R L O S E E X M Ó
```

Page 93

- HABLAR
- PINSAS
- DAMA
- MOVIMIENTO
- CAMARONES
- FUEGO
- ZINC
- HEBREOS
- BEBIDAS
- GUZMÁN
- RUEDA
- CAMAROTE
- MENINGES
- BACALAO
- MICRÓFONO

**#185**

| U | Y | N | G | M | O | V | I | M | I | E | N | T | O | T | B |
|---|---|---|---|---|---|---|---|---|---|---|---|---|---|---|---|
| H | R | C | A | M | A | R | O | N | E | S | B | S | N | A | Ç |
| B | Ö | I | G | Ó | Í | B | P | B | É | Ï | E | U | Y | M | H |
| Ç | Î | Ñ | E | F | V | À | K | I | M | G | B | È | C | I | C |
| É | Ç | C | Ý | Ú | D | È | Ú | È | N | D | I | M | Ï | C | A |
| H | H | Z | È | A | A | Á | T | I | Ö | S | D | O | U | R | M |
| V | A | E | Ñ | X | M | V | N | A | À | E | A | R | A | Ó | A |
| G | J | B | B | I | A | E | I | B | P | L | S | S | Y | F | R |
| W | U | X | L | R | M | Ñ | X | Ú | A | Ç | Ñ | K | E | O | O |
| I | R | Z | F | A | E | Ó | S | C | Ú | A | Ñ | F | B | N | T |
| Ý | S | U | M | Î | R | O | A | M | F | Á | I | P | Ö | Ö | E |
| M | L | Ï | E | Á | Ñ | B | S | É | C | C | F | L | G | L | Ü |
| C | Z | L | Ï | D | N | Z | I | N | C | L | A | E | Z | Ó | Ó |
| C | Ñ | O | B | J | A | O | Í | L | T | A | U | S | È | Ö | Z |
| Î | Á | E | É | O | I | D | B | Q | D | F | B | Ü | E | R | È |
| Ü | Á | E | Ó | Ç | T | Q | Í | P | Ó | Y | X | V | R | Ú | L |

- ARCILLA
- BARCO
- PIÑONES
- VASELINA
- LA COLUMNA ROTA
- ELEFANTE
- ODA
- CHUBASCO
- PATO
- REMATE
- UNIVERSIDAD
- BASÍLICA
- ACE
- RESPETO
- DEDICATORIA

**#186**

| F | J | Ï | Î | È | E | L | E | F | A | N | T | E | Ú | Í | G |
|---|---|---|---|---|---|---|---|---|---|---|---|---|---|---|---|
| X | Ï | S | C | N | M | F | V | A | S | E | L | I | N | A | A |
| M | Í | S | H | C | É | E | A | C | E | G | Í | U | M | I | T |
| Í | S | D | U | È | Í | Ö | P | T | N | Ö | V | I | R | È | Ï |
| P | L | È | B | Q | Ñ | Ö | A | U | I | Ü | Î | O | Ö | O | Ö |
| À | Ý | Y | A | P | U | M | A | É | I | Ç | T | O | Ç | Z | Ó |
| H | I | O | S | Ï | E | L | É | Á | Ç | A | R | N | R | Z | E |
| I | K | Î | C | R | L | X | S | Á | C | Ý | E | P | Z | D | Ñ |
| F | N | V | O | I | W | S | S | I | O | Ý | S | A | B | K | N |
| U | V | Î | C | Ï | Ï | E | D | C | G | O | P | T | A | W | H |
| N | Q | R | N | O | N | E | R | O | D | A | E | O | S | Q | Á |
| À | A | Ï | Ö | O | D | A | N | S | C | L | T | Ï | Í | Ç | Ö |
| R | G | À | Ñ | Î | B | L | C | Ö | C | Ï | O | G | L | R | K |
| U | N | I | V | E | R | S | I | D | A | D | E | W | I | S | R |
| Ú | P | À | Ó | Ç | T | Ö | P | Î | Ú | Î | W | V | C | È | H |
| K | L | A | C | O | L | U | M | N | A | R | O | T | A | H | W |

## #187

- ÁRBOL
- ANTIBIÓTICOS
- ANALGÉSICO
- REGLA
- TURQUESA
- TROPO
- MECHEROS
- BIENESTAR
- HELECHO
- COMPETENCIA
- DIVERSIÓN
- JUÁREZ
- BLANCO
- BABOR
- CAMARERO

```
U T Ý Ú K G P C F Í Z F Q Y G Î
Y U X Ï Ü È T A G F M Q Ó M Ç A
L R D I V E R S I Ó N A Ú E Ó N
B Q C A M A R E R O L P C C A T
E U P B A B O R Î G N Ý Ö H N I
P E C À B A Ó T E Á Ñ Y C E A B
Z S O Y I R N R À È O T H R L I
Y A M Z E Y Z Z É U Ý R E O G Ó
U Ç P Z N J U Á R E Z O L S É T
P È E I E B Q C Î G T P E X S I
E K T T S L Q Ü D Á Ç O C Ç I C
P U E P T A T Ï È R Y Á H Ï C O
M A N Í A N N È O B V V O K O S
Ú I C Ó R C L B M O Á I Z Ï G C
R Ö I P Ç O Q Ç Q L T Q V Ç G Ï
K Í A H S É B Ï Q Ý Ó V Z À P O
```

## #188

- VANADIO
- SOLÍS
- FINLANDIA
- HAMBRUNA
- TORTUGA
- PARSEC
- JOLGORIO
- LEGENDARIO
- PECES
- RESERVACIÓN
- PINZAS
- GALLETA
- COLIMA
- ALEMANIA
- FRACTAL

```
È V G E D A I Ý Ý Ç O J S Ï B H
I Ó F È C G I Ç Ü O J X A L A C
V Ç R Ö O F J S Ç Í E X T L V N
E Ü A Y L I O S Ï T N Y Z Ú Ï R
F P C J I N L S W É O T M Ç N E
L Y T I M L G O Á Ý E R Ö B Ö S
E O A U A A O L Ï M C A T Ý U E
G L L Ñ Ü N R Í I S N Î Ó U Ü R
E F D Y K D I S Ñ U W O À Ï G V
N O P P Q I O Ï R R I G S Á É A
D V I Ý E A Ý B S D B Q È Á Y C
A Ñ N P Ï C M P A R S E C L R I
R T Z Ú D A E N K Y K D Ü V R Ó
I S A Ç H H A S C T Ü M W V Ï N
O S S Á Q V G A L L E T A J T Ö
Ñ C Q A L E M A N I A Î M Ú Ó Ó
```

## #189

- [ ] HONESTIDAD
- [ ] APOPTOSIS
- [ ] FILA
- [ ] CALCETINES
- [ ] KIWI
- [ ] HEMATOLOGIA
- [ ] CLOROPLASTO
- [ ] LLUVIA
- [ ] PERDEDOR
- [ ] ARTERIAS
- [ ] POLÍMERO
- [ ] BÓLIDO
- [ ] CERRAR GRIFOS
- [ ] TORTILLA
- [ ] SOPLADORES

```
Î Ñ X B Y C A L C E T I N E S Z
J J Ñ Ö L R T Ó O D Q Q L Î Ö Ç
H U Ç K L Ú Ý D X S Y Ï P W H P
E Ç K À C E I T O R T I L L A D
M A H F I L A Y A D A U Ý K X E
A P O G Ó W O B X R N Ö B I I H
T O N B É Z X R A M T E À W Ñ C
O P E Î L F D D O D U E Á I A R
L T S Ç Y L R L D P O É R Ó Ï H
O O T T Ü F U É O R L Ý L I Î Ö
G S I Ý X Á J V E B D A P A A R
I I D Q E Z K M I H Ó À S P K S
A S A K B P Í N À A Ó C Ñ T Ý C
Z M D O È L O V P E R D E D O R
K B Ç S O P L A D O R E S B V Ý
K Ö D P C E R R A R G R I F O S
```

## #190

- [ ] DESARROLLO
- [ ] VAPOR
- [ ] BASE
- [ ] ACUARIO
- [ ] AMBULANCIA
- [ ] SUELO
- [ ] GLOBO
- [ ] NEWTON
- [ ] BANQUILLO
- [ ] ALIMENTO
- [ ] NIEVE
- [ ] EDUCACIÓN
- [ ] PULSERAS
- [ ] VIENTO
- [ ] CULIACÁN

```
I E P F C X Ç O E M G P Ó Ç N F
Ñ C D Ü N B F Ç L Q È U O À I U
Z K N U Ý J O B A G Ö L Ö D E Ö
Ñ A B Z C B K O E L V S Ý E V J
Ï J A A R A T Ï Á O É E W S E O
A T S G Y N C C F B U R Ý A I Ú
M Ó E Ç E Q B I Ç O K A È R M F
B N V I H U S B Ó Ñ É S A R N È
U Ú V A Ï I A N Î N K U F O Y X
L N Í È O L B L V È C Ý V L O X
A È E K I L L R I A B K È L Z U
N Î Á W M O O W T M Ó A E O Á Q
C B R H T P È Ó Ç É E U N W N X
I Ó Ý D A O Q È Ç Q S N À X S È
A Ó Ú V Ú Ö N V F P P É T H Î N
C U L I A C Á N Î Ö O T Ö O Ö Ó
```

## #191

- PELOTA
- FUERA
- INCIENSO
- VÁSTAGO
- CUERDA
- COLLAR
- ATRIO
- ESPACIO
- DINTEL
- ANAQUEL
- PIPETA
- SECADOR
- NIÑO
- DIANA
- CASA

```
M O V E I N C I E N S O O Ö W Ý
É Í Y G M D I N T E L O Ö Ö M L
W S E C A D O R O É I Q L D H Ñ
X Ó C I A C D Ñ A C Ç Ö C S Y U
Ü Á U R H C C R A T Z Í É B Ú D
Ö Î E Ý Î Z A P S Á W Ï Ï Î É É
Ï U R T N B S Á M V A B È J Ú Ú
F Î D Y I E A U C O L L A R E O
P B A L Ñ È A Ó Î B K T Î U Ö D
É I C A O Ý Ç K U Î K S Q Ý C I
B V P Ü T P E L O T A I Ï P N A
H D K E O R R Ö Z G C Ü O M U N
F E I U T À I A N A Q U E L O A
N Ó D Y Ö A O O Í Q Ý Ñ Ö V Ñ Ö
O L V Á S T A G O W Y Z B À A F
T Î O I K L S Z F E A Ü U E Í C
```

## #192

- CINCEL
- MÁGICO
- CHILE
- VOLEA
- FAX
- SILVESTRE
- ÓLEO
- ASIENTO
- PELUCHE
- HACIA
- CUARTO
- SUDOR
- LAVANDA
- MIGUEL
- CAMISA

```
Ç S G Ý Ö J A É C R É Î D H P S
C G F H U F R Q Ç S L À Á M E I
Á Q È Ü À H O J S U L X Y Ú L L
Î F M F S C L X U D Ñ L A M U V
B E Ñ Ç I E Ó M J O Ó C S I C E
U C H G C Ç F J R M À Ï G H S
D N Á N Ü Ü H Ó Ç J V A E U E T
H M I À N Ý Ó I E K U L N E C R
A C Ï Ñ T C X Y L X Ý P T L A E
C S Ç O B A U Ñ L E È X O Ó M Ç
I È E T F V W A B T J È X G I H
A F V Ú O Á O Ï R J F Z Í Ý S R
W V Ó L E O X L X T Ï L I Ó A Á
C Ú T Ö O V J Ó E G O D Ý C Í A
I Í J Î N Í I Î Á A B Ç N Á N Á
C Ç L A V A N D A Î Y Ü M G Í J
```

Page 97

- LAUREL
- FISIÓN
- ESCALERA
- AVES
- OBLICUO
- COMPASIÓN
- ABRAZADERA
- ZAPATERÍA
- SANTIAGO
- DIGNIDAD
- PATINETA
- SERVIDOR
- PRÓLOGO
- CAMA
- GATO

## #193

| B | I | I | D | É | À | X | O | È | Á | Ý | C | O | S | A | W |
|---|---|---|---|---|---|---|---|---|---|---|---|---|---|---|---|
| É | Î | P | W | I | R | H | O | À | Ú | R | G | Ý | R | B | O |
| B | Ü | Y | A | Ü | G | U | Ö | K | O | A | A | E | J | Í | Ý |
| E | V | Ö | K | D | C | N | Z | D | I | I | D | H | A | E | S |
| M | C | D | W | I | V | Ï | I | T | S | A | N | R | A | Ñ | C |
| Ú | T | Z | L | Á | Ç | V | N | D | Z | Ú | E | G | I | V | G |
| U | Z | B | A | O | R | A | D | A | A | L | Ö | Ü | S | É | À |
| À | O | W | F | E | S | P | R | N | A | D | Ó | J | I | Ö | X |
| Y | Ç | L | S | Ü | Ï | B | O | C | F | I | S | I | Ó | N | P |
| H | X | A | É | Á | A | Z | S | Í | Ñ | N | I | E | A | Ç | R |
| Ú | Y | U | Ó | F | Ç | E | A | V | E | S | D | Ý | Á | L | Ó |
| R | D | R | J | P | A | T | I | N | E | T | A | Z | Ú | Ú | L |
| V | È | E | Î | À | C | O | M | P | A | S | I | Ó | N | Ï | O |
| G | G | L | Ü | U | H | P | C | A | M | A | W | E | W | E | G |
| Ç | Í | M | À | Ý | È | Z | A | P | A | T | E | R | Í | A | O |
| Ú | À | Ü | N | G | A | T | O | Á | Q | A | D | H | Z | F | K |

- CONSUMO
- PERIÓDICO
- ABDOMEN
- LETRAS
- AFILADO
- BUCAL
- TRASPUNTE
- TIRAR
- EDUCACIÓN
- OFRENDA
- COSTILLAS
- CARRUAJE
- BRASIL
- RULO
- MORFEMA

## #194

| À | R | K | Î | H | W | Ý | I | U | Á | À | L | Ö | D | Ö | A |
|---|---|---|---|---|---|---|---|---|---|---|---|---|---|---|---|
| W | È | M | X | C | O | N | S | U | M | O | U | O | S | V | S |
| Ç | Ü | O | Î | T | L | Í | Q | O | L | Ç | C | A | N | G | P |
| È | B | R | A | S | I | L | Ï | A | Ö | I | L | Ó | P | Ý | U |
| G | Á | F | T | Ç | W | F | C | O | D | L | I | N | É | O | W |
| M | K | E | R | Ï | L | U | L | Ó | I | C | N | U | S | F | H |
| N | C | M | A | J | B | U | I | T | A | O | T | Ç | U | R | N |
| U | Ý | A | S | B | R | R | S | C | D | B | Í | Z | A | E | L |
| X | S | Î | P | V | E | O | U | A | È | Î | Ö | B | B | N | Á |
| W | Ñ | Ú | U | P | C | D | L | Ç | Ñ | P | Y | V | D | D | B |
| R | H | Ï | N | X | E | I | U | Ý | C | Ý | N | Î | O | A | G |
| L | Q | U | T | X | F | È | R | D | E | Ü | È | Q | M | G | É |
| Ü | A | À | E | A | O | A | P | H | Ý | I | Ú | V | E | G | N |
| Ñ | V | J | Á | Ç | R | C | U | Ú | F | X | M | K | N | À | P |
| C | Í | K | A | I | Ý | L | E | T | R | A | S | Q | G | C | Í |
| E | S | X | T | L | Ç | Ú | C | A | R | R | U | A | J | E | È |

Page 98

## #195

- COCCIÓN
- LITERARIO
- ARMARIO
- ESTOFADO
- CULEBRA
- BERILO
- LAURA
- BALCÓN
- PUERRO
- FRANCOS
- VÉRTICES
- TRENES
- CENTRAR
- COMER
- LAGARTIJA

```
À Ó K Ñ A C I F R A N C O S S Y
P M Î I A Í Ú F Ü Q T S A E Ö C
N X S Ö U R D Y C Ó L A U R A O
P Í L Ñ Ñ K M W I E À Q D Ú O C
O O Z Ö C B À A Ü J N Î B P L C
Ü Ö Ç J A C Ü B R À A T U Ó Á I
I C O M E R E A V I M P R R Ü Ó
Ñ L E Ö D Ú Ý L É R O U B A F N
H A É X É Í T C R T O E C L R E
X G U T U C Y Ó T L L R F G Ü T
Î A M P T È Ñ N I U Y R M I K T
T R E N E S O R C K I O Ü È O Ü
C T T Y Ü É E Q E Ý T È Á Y Í Q
I I U Ú T B W E S T O F A D O B
K J M Q S L I T E R A R I O Ý P
J A Ö Z G P G J X O P O J L T O
```

## #196

- TRATAMIENTO
- MASOTERAPIA
- CONCIENCIA
- ALICATES
- TRES
- NICOLÁS
- SOMBRILLA
- CARDAMOMO
- RÍO
- ARTERIA PULMONAR
- PRECIO
- ABOGAR
- MALVADO
- AMOR
- SENDERO

```
A X I X Ö Ñ S K Z Î M O K T E M
A B O G A R F À É R B B Ú R É A
N E Ü B U Ö Z Y Ï É Í K À A Ü S
C Í S É Î K R A E U Ï O X T S O
Ç M Ç K A Ú V N M Y Q Ç X A E T
O P R E C I O Ç X O U G N M N E
R C Ü M A L V A D O R L I I D R
Á Ç X Ï É J Ï L A Ï N D C E E A
N C O N C I E N C I A J O N R P
V F Ö X D J Q T R E S U L T O I
Ý H Q Î O Q H É F G B M Á O M A
O Ç C A R D A M O M O V S X Q F
Ý A R T E R I A P U L M O N A R
L X W R Á H Q Ï Í Ö A J È Q T B
Ç D Ö H H A L I C A T E S X È H
S F J P N N S O M B R I L L A W
```

## #197

- CASTING
- ACEO
- CARAMELO
- BERLINESA
- DOBLAJE
- TUCUMÁN
- INNOVACIÓN
- CAVA
- RANCHO
- AGUAS FRESCAS
- ROPA
- OJO DE AGUA
- PACIENTE
- TINTE
- FAGOT

```
Í U A G Ñ Á C Ý B I P É È Í Ï P
A M P E P B E R L I N E S A À Í
Ú G Ñ U H A J È N X E E N É Í Z
S W U U Á A C I È E Ü N E Á E E
V È É A V Z G I O Î B P M T O C
D I H A S W L H E V F Á N Ó J K
O N C D G F C Í V N Z I Z Ç O V
B N T È Ï N R D S K T L Í C D Y
L O Í O A A X E W K I E Ó A E C
A V Y R Í Ñ C A S T I N G R A É
J A V B F È M K A C G Z Ï A G Y
E C Ï Î A Y J A C J A T A M U Z
D I V G G Ü Ü À E I Ú S J E A O
U Ó Ú I O U I K O T Ö P Ý L K S
È N F W T A É K R O P A A O L È
J R É Y B T U C U M Á N Ñ S Á E
```

## #198

- VASO
- ALEGRE
- PILOTO
- PLANETA
- PEROXISOMAS
- ABSOLUTA
- GRAFITO
- LAVAMANOS
- HERÁCLITO
- COMO
- DRAGÓN
- CORAZÓN
- PASAPORTE
- CIVILIDAD
- LEER

```
T É G U Q Ú Ó À D G V B Z Ú Ú Ç
P Q Ü Ñ Y N H Q I R F À M È F M
E H E R Á C L I T O A U A Á L R
R B Ú L Î K Ý W À O V G É Ö Z F
O G L A V A M A N O S F Ó M P È
X R Ó G J Y D V Q B X À L N Q Z
I A P S T P I L O T O Ç D C C P
S F F P K A B S O L U T A I O L
O I K A A Y J Í À Z M G X V R A
M T F S Ý E T Q V A À Í S I A N
A O L A È I Ç J U L Ý J Ö L Z E
S C E P Q É Ü L Î E Q Ñ X I Ó T
W C E O P U Ý D Y G B L O D N A
B O R R L V A S O R R R H A K Ý
X M C T D A Ó Ó Z E W A W D L Ý
E O F E Ö I S O M V Ú Z Ç Ö U N
```

Page 100

## #199

- ☐ MONEDA
- ☐ CHAMPÚ
- ☐ PÚBIS
- ☐ ESPECIALISTA
- ☐ IRAPUATO
- ☐ DORSAL ANCHO
- ☐ EQUIPAJE
- ☐ CALABAZA
- ☐ BIBERÓN
- ☐ RELOJ
- ☐ MEMBRANA
- ☐ ÁGUILA
- ☐ CIRUGIA
- ☐ POPAYÁN
- ☐ CANOA

```
Ü I Ó H D O R S A L A N C H O Ç
Ñ Î À Ý G Ç Ú T U Y Ý T T Í E W
Í E S P E C I A L I S T A A P Á
P Á É Ý K A Á O Í A C H A M P Ú
R Ö W O O O Ö E L N J R A A Î N
U Ç Ç N A C J I Ú O J N I Ç Ó R
M E A E T A U Á L È A G C R Ú U
D C W B P G Ú E J R U X E É Ý H
K Ï Ý I Á Á R O B R I B Y Î V Z
Ö M U Ç H A T M I Q I Z Y B Ó S
R Q O D W A E C N B Ï Ý S R C P
E Ñ W N U M K P U Ï U M L B O Á
O Î È P E C A L A B A Z A Ü Ü K
Ü Ü A Ó C D F L N E P Ú B I S Î
P R Á È Á Ç A W M J X M K V É C
I C P O P A Y Á N A Ñ Ö Ï E T L
```

## #200

- ☐ ESPAÑOL
- ☐ PROTÓN
- ☐ JAVIER
- ☐ PERIDOTITA
- ☐ BEBÉ
- ☐ FERRETERÍA
- ☐ BAÑERA
- ☐ ESFÉRICA
- ☐ TOQUE
- ☐ ELECTROTERAPIA
- ☐ LIJADORA
- ☐ ITALIANO
- ☐ XILÓFONO
- ☐ AUTOBOMBA
- ☐ MANASLU

```
E K F N Á A Î Ü L Ñ L Z X Z P Á
L H W Á A N Ö O L Ñ U E E A Á K
E É È P Ï U Ñ A Ï I K H C Y V È
C Í I N R A T S J P J I È T H T
T Î É T P O C O O B R A O I Ç O
R D F S A S T D B É B Ç D I L Q
O X E E Ü L Y Ó F O Ö H È O É U
T I O M R O I S N Ú M P Ç Ú R E
E L B Ç B R E A Q R G B Q B W A
R Ó E G Z J E Á N M A N A S L U
A F B Á U Ï A T N O R K C Ï Z Ý
P O É B Ý O F V E K U R M F Î O
I N Q Á T U Ü M I R A V Ú Ç Á W
A O B E C U W Ö Ü E Í Q H È E K
P E R I D O T I T A R A E H V C
E Ý T Ó B A Ñ E R A Ç À E Á Ï Ý
```

Page 101

## #201

- BOLETÍN
- MESETA
- SOLAMENTE
- SODIO
- DORADO
- TALADRO
- REGULADOR
- SOL
- HIGADO
- REGLAMENTO
- PAPEL HIGIÉNICO
- MONJA
- PLOMERO
- LIMA
- DALIA

## #202

- TLAXCALA
- TECLADO
- NOSTALGIA
- CAUDAL
- FRUTA
- LANCHA
- CINTURA
- RASURADORA
- BASTIDOR
- SINALOA
- TACHON
- GALLETAS
- VIRUS
- ITALIA
- DIÁLOGO

## #203

- MENDIGAR
- TUMBA
- CHINOS
- CRIOTERAPIA
- FAROLA
- AIRE
- HONRADEZ
- TAMBOR
- TACÓN
- LEOPARDO
- CUENCAS
- EL MONSTRUO DE COLORES
- COMETA
- ESCENA
- CHILOÉ

```
N C O M E T A O Q X D Ö N F A Ï
K Ç P Ý T A M B O R Z B È N Ö Ý
M I E F Í Ü F Á J H B Q E V F P
Í Á Á M I K H I W Ç Ñ C A Z R Ú
A P H È E T Á M Ö Ý S Ö Ö Ü F P
Ç X C H O N R A D E Z M K G A P
D Ý A I R E D X H U B È P È R Z
S J X R C G L I Î H Ç V S R O Î
L E O P A R D O G S Á O V Ç L Î
Ó W È È Ñ P R Ü C A N W Ü C A D
Í T A C Ó N Á Ö V I R Ý R O L D
L Ö L V Ý L Ü F H K Ö C Ç W K S
Z T U M B A M C O Î C H I L O É
H É J U Ó È N H À Î P Q Î G N E
Î J V R C R I O T E R A P I A T
C A N C U E N C A S Á N F V Q M
```

## #204

- ESTRELLA
- CALCETAS
- DAVID HUME
- JENGA
- ÁNFORA
- ISOMÉTRICOS
- CALCÍN
- MUSGO
- JUEGO DE TRONOS
- AFRODITA
- RIVERA
- CÁLIZ
- SAZONAR
- LASAÑA
- FLORERO

```
D A V I D H U M E Y À A L G V Í
A G M Á N F O R A Q T É Ó M Ï R
Y B V Ç Í N Á Ý Y I C Á L I Z J
Ñ Ï O Ü Í Í E N D R K T É Á I U
Z Ý Ç C I Ý V O M Î Ü A Ï L S E
J Y L T W L R Y W D L È X I O G
X A T V K F É O Í L Z D É T M O
C D Á T A K R N E U A Ñ A O É D
S E O Ú R E È R Ü Ñ P G G P T E
A C Ü Ú R I T V A Q N S F È R T
Z P A O N S V S P E U K L C I R
O U L Í E Ü A E J M A R G Q C O
N F R É O L È N R Ï Ó Î V G O N
A K À X T U B A R A S E V B S O
R L É S Ú C A L C E T A S Ç H S
V E Z U É I À B O Í Ï C V Ï J Q
```

## #205

- ALTAVOCES
- CINE
- ABDOMINALES
- KALEIDOS JUNIOR
- ACERCAR
- GALLINA
- CARREOLA
- VIDA
- DEPORTE
- PEINE
- LAÚD
- GRAVEDAD
- CAJETA
- HOMBRO
- VOLUMEN

```
Ç À Ý T À F W C A R R E O L A O
W I Ç O V É D H O M B R O É Í É
W V O L U M E N D A Ü T T Y D K
G B P D Ý C T D N Ö Ñ S H A O A
P O Ó I U Ý P I D P S B D Ö J L
Ú Ö A N T L L Ú Ý E E E J X A E
M W H À V L A G C F V I Ç I L I
R J F Ï A L M O Ï A À P N G B D
G Ý È G X Z V Î R S R O J E G O
K N L V G A A G U T N É U Ç R S
O M Î O T T C U Ç Z B V I D A J
Ú E U L E Ç V I J Ó P G À D H U
U Ç A J Ú O W É N É L P P L F N
Ç J A È M K Í A C E R C A R H I
U C Ï F M D E P O R T E I É Î O
A B D O M I N A L E S L L Ï Ó R
```

## #206

- RED
- SOSTENIDO
- PUNIBILIDAD
- ESTOS
- NEGRO
- PLANCHA
- RELIGIÓN
- GEL
- MAGNÍFICO
- TIROIDES
- PERSONAS
- CALI
- VINO BLANCO
- REUTILIZAR
- ABRIGO

```
Ç Ó Ü M M É Q È O À E Ý Z P Ö K
F P Y G X É M J L Ñ S A W M Ç Î
S O S T E N I D O A H X W Ú A E
C Ú N L J U F Z N C V E R J V H
I A Z E E Y Ñ O N O Ó C E T I W
B B L A G Í S A L J Ü R L T N F
Ó D A I B R L Ï K A B R I G O À
P Ï K F E P O Y È D V Ó G G B T
E P P P P F Y Á Ü K D X I I L I
É S G Î R L H Ý À Y L U Ó Ü A R
F H T T G E L M J Y Ç Á N Ç N O
Ü H Q O Ñ W Á B R E D R H É C I
Ö Ú N Ú S À C R Á Ï N Z W S O D
Ç V X A M R E U T I L I Z A R E
Y S Y M A G N Í F I C O G Y C S
A X Ñ M P U N I B I L I D A D P
```

Page 104

## #207

- SAQUE
- CORRAL
- CALENTAR
- CATÁLOGO
- SANTA MARTA
- EXCÑENTRICAS
- FRACTURA
- NUCA
- CUARZO
- MARÍA
- JUGAR BOLICHE
- POLIDIPSIA
- LAVADORA
- JAPONÉS
- DELFÍN

```
G E X C Ñ E N T R I C A S T Ñ Ç
S I P K T Ú U C K Ö Ñ Ü Ñ H Ñ
F A Y O S Ó G Ï O E Î Ó J Y I À
A R N Ý L A U D Y R G T J Ü X T
Ñ I A T Î Q Î Y F R Ó È T S W
Ú A C C A C D U U Q Ó A A O W F
N B É A T M W I E W À L B E U
Y F R K T U A Z P J A P O N É S
K D C Ó L Á R R Á S Ï X N U R S
M H E V Ö A L A T Í I M È Á A P
Ñ B X L C M V O G A Ç A N S X E
E T J Ú F U P A G F Ó R G Q Z È
A Ñ Ö X K Í A O D O I Í W F M Q
H G N U C A N R I O Q A Ö Ý L Í
C A L E N T A R Z Ú R Ú J N Ý D
K Ï Z P Z S J W Ú O U A Ç G Ï H
```

## #208

- IGUAZÚ
- TELEVISIÓN
- ALCISTA
- POLARIDAD
- FLEXIBLE
- ALDEBARÁN
- DISPARADOR REMOTO
- MARATÓN
- BUITRE
- ARMADURA
- LEUCOCITOS
- AMOR
- ARTEFACTO
- BARBACANA
- DIVERTIDO

```
O N W Ö Ç A P Ú T V F K D É Í E
É W Ó Q Q L K X W J Ç V N S R Ý
J T Ö É T C É Ý Z M O Ó Ö T Ï D
P Í K Á I I H A K C I Ñ I V O B
L S P F Ú S Ï E R S Q U Q D Ý Ó
N E Ï O Y T M Ç I T B Ú I H Ï C
Í A U E L A Ç V P Ú E T J A Ç O
Ç A Í C P A E M Z R R F N J V È
À R V Ú O L R A A E Í A A G T O
G M A Ï E C U I V R C T Z C J H
À A A T U G I I D A A Ú K À T L
Í D Î M I R D T B A C T E Ý X O
D U N V O T C R O L D Y Ó S Ó T
Á R G V U R A Ü C S À I Z N C J
Ç A Ý Ï O B A L D E B A R Á N Ç
N F R Q Á R S J F L E X I B L E
```

Page 105

## #209

- TACOS
- DEUTERIO
- FARMACIA
- DESTINO
- HIERBA
- TORTUGA
- CHOCOLATE
- BIOGÁS
- COBAYA
- SINTÉTICA
- ESTRELLA
- ESTUDIO
- TOALLA
- MUSEO
- INOCENCIA

```
Ö X X C C O B A Y A P N K Ñ U Î
Y Q U E H W M I B I O G Á S Ó I
C G K V X O S D N O Ï S Y W È G
Ç N H T O X C I E O É C L Ï Ç È
H Á Ï À O F T O N S C C X Q D K
O Ú P Ú S R C H L T T E U X H P
Ç K Î O É J T B R A É I N Ï L Ç
Ñ F C Ü G Ý G U Y Ç T T N C D T
L A F W À Ó M O G T B E I O I B
T E Í A Z U I X Q A A J É C S A
À I H D R D E U T E R I O H A B
S Ú N M U M Ü A W O J N M I R O
L È P T T O A L L A H T U E Ú H
Ü E S G Á Î D C Q Ñ Y E S R E À
W E D J Î Î Î Ý I Ñ R C E B Y I
E S T R E L L A N A I Î O A Í Ñ
```

## #210

- BASCULACIÓN
- CONCIERTO
- VAINILLA
- ARIEL
- FELICIDAD
- GLUCOSA
- HIGADO
- ROMINA
- AMASAR
- ZAPATILLAS
- CAMA
- ESCOBA
- CARRIOLA
- PORTUGUÉS
- LLAVES

```
M B A S C U L A C I Ó N É Í B H
É A E N Î P B L I B O D T L Ý Î
J B Ú Î Z O O N Ö D S N É É U Î
Q Ý É Q C Ü Ó R A Q Y M N È C Z
C Ý J S L E C G T A Ó U E L O A
Í A E Ú Z L I A Ï U M W L Z N P
F F M Q A H A O R B G A Ñ M C A
A E E A Q Á Ö V A R E U S R I T
Ï G V L D U Q J E J I Ú É A E I
B L A A I M R W S S Ú O Ý S R L
Ö U À A I C E O Ý O O Ñ L M T L
Z C È R I N I Ö M H L Ý O A O A
È O À I X P I D Y I E E Ç B O S
Z S G E U X Ü L A E N Q M U G B
H A P L Ï S E Ñ L D M A C Î K P
G E À B K À D R Í A I Í M È M P
```

Page 106

## #211

- PELOTA
- ESFERAS
- HOMO SAPIENS
- ESCOMBROS
- SOFTWARE
- PANTANO
- MOSAICO
- CAJONERA
- HOY
- ESPATULO
- MOSTAZA
- VESTÍBULO
- CLAXÓN
- AES
- RECOLECCIÓN

```
Í C J A Ñ S H D P A N T A N O K
Ñ Q V H O M O S A P I E N S H Ý
V W R P I N E S P A T U L O O Z
Ý H Î Ñ U Z E E S C O M B R O S
P M O S C A L À Q V S È D Ç Ï K
C Î O Y U Ö N D U A C Ï J O C Á
S L T S Q Ç V V R Ý À Ý S Z W W
Ö P A É T C U E O M N X Ö T H K
Ï E X X J A F Ñ S K O É F C Í Ï
Ú L M Q Ó S Z U G T U S X L I M
Ó O X Ü E N C A B P Í W A É F Í
R T Í C A J O N E R A B Z I X G
T A E Q W N K U É G É E U Ó C U
Ö Ñ Ö I Ú Q Z Á C R G M A L V O
Ó Ö R E C O L E C C I Ó N G O O
S Z É S O F T W A R E O À Î C T
```

## #212

- PROSCENIO
- GUANTES
- ACTRIZ
- RECETA
- IGUALDAD
- FELICIDAD
- PEDIATRA
- PISTACHERO
- UKELELE
- PELUQUÍN
- NEPTUNO
- EXÁMEN
- BARBILLA
- TAPACHULA
- TORMENTA

```
J Z Z H Ú T A P A C H U L A M X
G N N Î V Ö S Ý U K E L E L E
Q B P R O S C E N I O E Ý Ç É M
W A I T P E L U Q U Í N Q Ñ É K
F R G Á O U À R E C E T A N Ú Q
Ç B U D A R Q H Ý Á Ó M Z E P Î
Ï I A Ö L G M S Ú Z O I L P I Ç
G L L J W U Z E I P R Z M T S H
N L D P M A F Ú N T Ú É Z U T Ï
Z A A T X N O Y C T N R D N A Í
E I D L Ñ T C A Ý Í A L T O C F
X L K Z W E D Z P Ñ H Q Ý U H I
Á Ó Ö Ñ Ï S E À G H A À H Ó E Î
M V L W P E Ú S Í Ú J F E O R L
E F E L I C I D A D T T Ý P O U
N F Z É Ý E P E D I A T R A U L
```

Page 107

## #213

- ☐ AIRE
- ☐ CUÑADO
- ☐ GUADAÑA
- ☐ ARTESANAL
- ☐ VÁLVULA
- ☐ TENEDOR
- ☐ ANÉLIDOS
- ☐ BOTE PATEADO
- ☐ TERNERA
- ☐ BARCELONA
- ☐ QUERÉTARO
- ☐ ÓRBITA
- ☐ RIÑONES
- ☐ CEPELLÓN
- ☐ PIURA

```
Y X Í T X J B A R C E L O N A Y
A È Á W Ó K V Ý S A E À J Ñ I B
R N Ü J F Ö W E R F O Í H Q N O
T P Ñ Î W I N U J U B L A U P T
E V G Ý T O I Á C Ó L Ó N E M E
S Á Z Ý Ñ P P Y U V É L É R Ç P
A L J I À Z X K Ñ M N Ï L É C A
N V R Ý Ö H S H A G Ý V I T E T
A U Ñ Ó M Ï L E D U T Q D A P E
L L T L R A N M O A E Ö O R E A
U A Ü E X B I K X D N B S O L D
P R N C R À I R Á A E È F À L O
T R Ç C Y N V T E Ñ D R I Ü Ó U
Ó Ý G Q V T E Ý A A O À Ó Ú N N
G U H Ó P J J R W Ö R Ú O F È Ï
Í C É H M E Ï Ú A À Ú É G À T E
```

## #214

- ☐ TITÁN
- ☐ BOMBILLA
- ☐ ATMÓSFERA
- ☐ GUÍA
- ☐ INTEGRIDAD
- ☐ HOTEL
- ☐ ESMERALDA
- ☐ ALGO
- ☐ SARGENTO
- ☐ GÁRGOLA
- ☐ HELADERÍA
- ☐ DULCE
- ☐ MITOCONDRIAS
- ☐ PLATOS
- ☐ DANIEL

```
Ó B O M B I L L A K Á F W J Ñ Ó
Î X Z F T É Î L S G L M X D Ö I
Ö O É O Ï M E M N E E A Ý Ö K N
T Ü E H W P L A T O S Y S D Ñ T
P L Ï Ï Ñ O O O L H V Ö A M Ý E
B Q D F G F H E Ç Ó N É R O G G
H P J L D Ü I E G Ú I Ñ G W Á R
P É A Ý É N A T L H A G E Ñ R I
L Ú È D A Í Ö I Ñ A K Q N Ñ G D
Ï V Í D U Ö A T Ç É D X T S O A
Ç Á R G Ç L V Á G Î F E O M L D
S Y Ó Z J E C N M Ï Y R R Q A É
Î U Ö È E S M E R A L D A Í Î Q
Z T M I T O C O N D R I A S A U
Ö Á M Ç Î Z É J Ú Z É N O J Y Í
I D A A T M Ó S F E R A É Ñ Ö N
```

Page 108

## #215

- DEMORADO
- PLACA
- TEMPORADA
- ORCA
- PELÍCANO
- PARCELA
- CULTURA
- CANTÁBRICO
- PLACA BASE
- NUEVO
- ABORDAR
- CILANTRO
- ANTES
- VOLVER
- ARENA

```
E B Ú W F E P A R C E L A V Ñ À
G T F É H Ç Á S E M Y B V Ñ L W
F E V O L V E R S Í N Ï Q R J È
O M M R Î T S Ö Ö T P M Ï U J I
U P C R N Ú W O M E J H K H W Q
H O Ü A K V N J L Y B E N Ñ S O
Ö R M A N A H Ú N S Ö Z D Z R T
X A Y Ö C T A H Ç A O J A T G Ö
P D K Í Á N Á I S D N R N E P É
J A L Ç E Q U B A O U A O Ú L H
È E I R J Ç O R R T L Q R Í A Ï
P R A Ý K V O Ç L I E B C O C V
U B F Ç E M J U C Y C Ü A U A È
À H C U E R C B H É Ö O N V S V
Ö Ñ N D J J R A B O R D A R M K
P L A C A B A S E J M È F Î V K
```

## #216

- ELÍPTICA
- CORRER
- ASÍ
- COLUMPIO
- ARMADOR
- DIVERSIÓN
- CABRA
- SOLIDARIDAD
- ARO
- DEPRESIONES
- ZINC
- SONAJA
- BAZO
- COBRE
- GRAMÁTICA

```
A O N N Y T Ñ Î E À Ý M V A Í M
M K P O P G R A M Á T I C A N É
Á É Z R Ý J E A S N T L Á Ó E Ö
Ý A È Ñ F T V R Ñ À B F È A Ü S
B T À A D À S M J E Ö R Á Ü Ö O
Ç D A R O L J A Y K A Î G R Ó L
D C E P V U C D Ö P P Z I N C I
G I É P H N H O Q C T H R K Ö D
C E V G R À Ç R B Á D E Q Î X A
O C L E V E Q I R R R G Í Q A R
L Ó A Í R Ö S Í F R E G Q T Í I
U É B B P S U I O B H P O Q È D
M Ï M À R T I C O S O N A J A A
P A N Í E A I Ó Ñ N G E È D Ý D
I Z Ý M Í Ñ Z C N W E I E A S Í
O Ó U E I À N Ú A È L S À P S Í
```

Page 109

## #217

- ROMBOIDE
- FORESTACIÓN
- ESTANQUE
- CORNISA
- ÁCIDO
- CEBOLLAS
- DEDOS
- SANDALIA
- CEPILLO
- BIBLIOGRAFÍA
- ANCLA
- INSULINA
- SANGRE
- ORDENADOR
- BURSÁTIL

```
T Q B I B L I O G R A F Í A E Á
H C E B O L L A S C T A M W S C
Ú Y T S A N G R E T I M Ç I T I
À I Z T J H Á Î B L A V S K A D
F D E D O S S R A R K R U Ú N O
Ç T K C W K W D O O B Ç L À Q K
C Z Ç Ú H M N D C M I S O É U Z
F C P Ñ S A A O Ó O B O C Q E Ç
I Ü Ý I S N L O Ñ Z R O J R W V
N Z U Z E L Ï A H Y Ï N I I B U
S G H D I L Ú N Î Ý B Y I D È É
U G R P Ý R Í C Í Ç K Ú T S E Q
L O E À Á S P L A X F U I T A S
I C È Ü Í Á F A F I I U H M K B
N F Ç N H G U B U R S Á T I L V
A X S Ú H F O R E S T A C I Ó N
```

## #218

- CABINA
- VENA PULMONAR
- ROMERO
- TRIPODE
- CALDERA
- ACELERADOR
- FLEXORES
- TERMISTOR
- NUESTRO
- FLOTANTE
- SUEGRO
- ANTES
- ARGENTINA
- CULPA
- TRADICIÓN

```
S B Y M E Y T R A D I C I Ó N R
A É V E N A P U L M O N A R S É
U P T E R M I S T O R C Á E T Q
Ï É T Ç Y A W C F H K O R P À L
S Y Ý C Ü C Ç Ú H R O À Ç Ó G
F Ï C A A E X Á S E X Á D K Ç Ç
B Ö A B R L C V M E Ç Ü X O Ç Ü
Ó K L I G E K O L N U E S T R O
Ó À D N E R R F É V D Ú I R R Î
P J E A N A P C Y O À R R G C M
R D R H T D D E P X O S E Í Y Ú
D Q A R I O Ý I H Ú Á U A Y Ý Á
U L N È N R R X Î Ñ S T A Y Á F
À I T À A T G B W À A B Ú Z Ü R
Ö Q E G N Ý E C U L P A J Ó Ú K
Ó Ú S Î S Ý F L O T A N T E Ç Î
```

## #219

- DE
- VALLES
- CELTAS
- ABDOMEN
- VIEJO
- MERCADO
- CARROS
- DEMOCRACIA
- SUPERIOR
- VINAGRE
- ESPIGA
- PLEGARIA
- BOTONES
- AGROECOLOGÍA
- TÍO

## #220

- UNO
- EL GRITO
- VERACRUZ
- KELVIN
- IMAGEN
- SECADORA
- ATMÓSFERA
- TÍA
- BASTANTE
- HERA
- PESCA
- EL PIE VARO
- DEMASIADO
- EGOÍSMO
- FLEXIBILIDAD

## #221

- SONORA
- TORTILLERO
- MUSCULO
- ALGORITMO
- TEMPLO
- LIBRO
- COLECTOR
- ETIOPÍA
- TELÉGRAFO
- PEZ
- CÉLULA
- DURO
- CHAMARRA
- ALEGRÍA
- SHOCK

```
H Ü C O L E C T O R Á I Ï V R E
H L N U V P M U S C U L O Ö Ö K
F P Î Ú Ï E Î M H A R H S Ñ T F
A L F A É Z L V C N B S V A O Î
F I Í T S X Ç M É È H M R N R Q
O B Ý E Q Á U À L Ï Q R O C T F
Ü R Ï L A J N Q U Ç A L S X I Ö
E O A É L A W Ó L M P A X F L X
Ü Z L G G G E W A M Í B Ý P L Ü
C K E R O D H H E P E I Î T E A
Á E G A R U C T O Z L L M I R Ñ
Ú Ú R F I R A I N Q D T K O O P
Y E Í O T O T V B É Ü C N U X È
Ü W A K M E Q Q Á C O O M C G O
M E L Î O X Ó Z K H S Í V É Ö X
Q S Ö F Z M R Î S Ú Ö M Z L Í Y
```

## #222

- PERIÓDICO
- MILÁN
- PEZ ESPADA
- MEDICIÓN
- INSECTICIDA
- EQUINA
- PIES INCHADOS
- CERBERO
- COMPÁS
- COCHERA
- AUDÍFONOS
- FÁCULA
- ASTRO
- CARBOHIDRATO
- CABLES

```
V P E R I Ó D I C O Ý G Ñ J Q Ú
Î G O Ç X D G C L D Ü Ö Ï Ñ L À
Í I Ç Ï Ú A S A I J K Ç S O Ç E
T E P B U S Q B E X U O R U N Z
W Q E C Z T B L È Ö D E K G G O
V U Z Ó I R À E B A B Ú É B N Q
A I E Q E O S S H R Ö D A Á V H
U N S W J É K C E S Ç T L Ç Y É
D A P R M K N C Á C Ý I Q Í È Z
Í P A Á U I Í P C O M O R Ú Ñ Ñ
F Q D E S Í M Á K O F Á C U L A
O À A E J O V N Ó É C K L F L Z
N M I M C U M S Á Ó Q H Ü B Ñ Ü
O P L O M E D I C I Ó N E H O Y
S Ó I N S E C T I C I D A R È W
C A R B O H I D R A T O G W A É
```

Page 112

## #223

- BANQUETA
- OBOE
- PADRINOS
- ESTIRAMIENTOS
- SERVICIO
- ARMÓNICA
- CEREALES
- REGLA
- TULIPÁN
- MENDOZA
- SENTADILLAS
- MESETA
- DEMAGOGIA
- EXPRESIÓN
- LETRA

```
Ý Í È Ó G L M S K B I Í Ñ P D
Í P I T É S C E M Ç Q T Á A È
Ü É Ï J É T E Á N E P Ý L Z Í J
L M I Z Î U R I Ö D S S M Ï Ü V
Ö B N Y Q L E A Î É O E S B Î Z
Ï A Ó È Ú I A P L Ú É Z T R T E
M N C L K P L Ö A V È A A A Ö R
Y Q U É H Á E B D D Á Ñ L R Î Ú
N U Ö Á K N S É È J R L E T R A
À E R E G L A Á Ý A X I N R G Ý
O T Ö X J Ö A É B Á E É N N È Z
F A Ü Á D E M A G O G I A O E F
S E R V I C I O B W M V T R S Ü
O Ñ Ñ G Î O Î O Q Á O M I É I X
U A R M Ó N I C A À T O Y C Ñ C
Y Ó J Ú E X P R E S I Ó N J Ö Ý
```

## #224

- PREDICADO
- AMARILLO
- PROFESOR
- HEMP
- ETNA
- MARACAS
- GÁRGOLA
- AMPARO
- FLECHA
- AZUELA
- ATMÓSFERA
- HERMOSILLO
- ÓCULO
- TÉMPERA
- RECEPTOR

```
O H Ï Ñ C Q Î L S È W Ï S O P G
U R D B Q Ý E A Í C V Ç D V K A
A E J P I O C O A M P A R O N Ç
M C Ý P É A D B Î M C B À T C H
A E X Ú R Í Q Y N I Ý O E J N Ú
R P E A Y O O T D E L M A E B D
I T M Ö T L F E É L Í L X H V G
L O Ú K U M R E I M O X H E U Q
L R L C Y P Ó S S G P D S M Í A
O K Ó Ï R Y O S R O B E B P L E
Ó M K J B M Ü Á F Í R N R E M G
Ü È D K R Y G K À E T Ó U A A Ï
O E N E À M Ý O Á E R Z W Ç L Ñ
Ü O H Ö P Ü Î Ö Ü B A A Ú Ó F R
Q Q Ñ M N A F L E C H A L A É H
G H Ç C G Í Á R E Ñ È G I U Ó G
```

## #225

- NERVIOS
- ARGUMENTO
- MANUALIDAD
- VACUNA
- LUMEN
- MUSEOS
- PINCELES
- ADVERSARIO
- CARRERA DE EMBOLSADOS
- TECLADO
- CUBIERTA
- LITERATURA
- CRUCIGRAMAS
- CABEZA DE MEDUSA
- VALLE

```
O N J C R U C I G R A M A S P C
W E S L O F F J A Y L U M E N A
I G Y B R A Q J S Z J R J W J B
K Q N R I M N E X N S O X B D E
V A L L E Y L N E O S J B O C Z
L I G S U E B W E V W R D I S A
I P N E C C X S T S A A A R P D
T X V N I A U L H X L C X A M E
E C I C O M N A R C Q D U A H M
R P U Y R D D D E J R G P N Q E
A B L Z O Y Z T O X S K F U A D
T A D V E R S A R I O R X A G U
U V N E R V I O S G Q X K A F S
R D V Q C U B I E R T A X E L A
A M T B C A R G U M E N T O J H
R Z B Y M A N U A L I D A D G Q
```

## #226

- CARIES
- SILLA PERIQUERA
- DEIMOS
- CINTA
- PUNTOS
- CANGURO
- ENROQUE
- RADIO
- NICHO
- AVISPÓN
- PAPEL
- ABUELO
- EDUCACIÓN
- AREPAS
- ESCALERAS

```
È F Ý U L O Ü O S A B Ö Ï É Á P
S V L B W T J N I C H O O L J Y
I Y E Ó L U C L L P Ú Ï Î S V F
L E S E A I G R Ç Ñ Ý É Á A G X
L D C C H B Y O Q B D E I M O S
A U A A S F U X J X É Y Z À Ý J
P C L C R N R E A V I S P Ó N I
E A E A Ó I A Ó L K S H V K E D
R C R N P P E I Í O Q Y Ú Q N Ñ
I I A G A U W S Î E Ý C Ü A R Í
Q Ó S U P N É Ü J Ó L Ó E R O Ö
U N Q R E T C I N T A N P A Q D
E H D O L O Í Z Y D S C F D U Ý
R Ö G C W S Ú Y W Ú Y O N I E Q
A S G N A R E P A S S Ú N O F À
Ó D R Y N K K R A À V V L È É I
```

Page 114

## #227

- ☐ CHOTIS
- ☐ AGUA
- ☐ ANEMÓMETRO
- ☐ BISECTRIZ
- ☐ EMBRAGUE
- ☐ DESPRECIO
- ☐ MIEDO
- ☐ MÉTODO
- ☐ ROPA
- ☐ CAMARA
- ☐ BÁLTICO
- ☐ BONDAD
- ☐ TURBA
- ☐ AVIONCITO
- ☐ METAL

```
E Ñ W É É L Ï Z M È M Ó S Ö Ç Ç
M A M E T A L D Z É C F D G T Ú
B E N Ö P M B I Ó À T A Î Ï M È
R Y T E È D R O F U Ó Ó M T Q L
A Î Ç M T O Ç N Ñ Q È D A H Ú
G C M H C Ó Z W É D K A Á O R M
U E T E D O M Ý B É A W T Q D A
E M S D È O Î E F R N D K Ü E È
R I I C Ñ T Ï Ö T R A Y Ï K S R
B O Ó E H C È W U R E R N W P Q
B R P N D O V A R Ï O È Ö D R Á
É M Ú A L O T O B Ú H È É L E H
H Á Ú Ç Z Ó K I A W A G U A C À
H Á Ñ S D U S W S Ï L X B É I Í
D Ü W Ü B Á L T I C O L W Y O M
F P K D K Ü A V I O N C I T O Ï
```

## #228

- ☐ ÍNDICE
- ☐ JESÚS
- ☐ ZAPATOS
- ☐ RÍOS
- ☐ MELON
- ☐ PREGUNTAR
- ☐ MAGNITUD
- ☐ CABALLO
- ☐ FINITA
- ☐ FOCA
- ☐ HAPLOIDE
- ☐ INFORME
- ☐ INDÍGENCIA
- ☐ ESCALA
- ☐ AZÚCAR

```
Ï V Q É I B É P R E G U N T A R
D A G V È M J Ö G Ü T J È Ú E I
Ú Ý P Ñ C Î E Î Z È Z Ü N G D N
V Ö P S Í J S C A B A L L O Ö D
X É W U X S Ú V N M E Ý M Ñ Î Í
U O R L A R S È É M E Ï K Q M G
Z Í M Í Ö À É A R Q S L Î Ç B E
A E N È O L A O D T C Ñ O W È N
P C G D E S F R O Í A É É N P C
A Q L E I N A A H Ö L J Y Í F I
T N X Ó I C C U É Í A M C Î A A
O I À B Ú O E Ú I Î U K Á T O O
S Ñ S Z F P X P W Z A Ñ Ï T Ï X
V M A G N I T U D K R N K Ï È Á
H A P L O I D E Á Q I Ç Á B I W
Ö W Q D Ï Ý Î Ç Ý F Î P Ç K B X
```

Page 115

# #229

- ☐ COLESTEROL
- ☐ AJO
- ☐ ELEMENTOS
- ☐ SUFICIENTE
- ☐ CANCÚN
- ☐ PUENTES
- ☐ JAMÁS
- ☐ TIJERAS
- ☐ NUDOS
- ☐ BLOQUEO
- ☐ ANACONDA
- ☐ DISCO
- ☐ PRONOMBRE
- ☐ APÉNDICE
- ☐ ACTOR

```
Ï M J B À K Q Ó G O H F Í Ó X À
O D Á E Ç C O L E S T E R O L V
Q I N L T Ú Z À Ó E U N U O H É
Ö S U E Ñ A C T O R Ö B E È Y S
G C D M C Ü Ý T P R Á U A X F U
K O O E J Í Ó Ö N U Q É G A N Z
I Z S N A R Ý A J O E E D E F I
V Ç Ü T M Z D N L Y R N S A Ö C
O P W O Á À Ú B Ý B O A T E Ý I
È L Á S S C S Ó M C R A C E J E
È M I X N H E O A E À I Ú U S N
U Ó S A H W N N J X D Ñ G W G T
Ö Ú C V Z O A I P N G B Ö B C E
Ñ Ó À I R C T S É S M D Y Ï Î Í
F E Ó P Ï Ç Z P C H Ç Ç U Z U I
M M Î Ç D S A T C S Ï Ó P D S È
```

# #230

- ☐ BANCO TABURETE
- ☐ FIRME
- ☐ VERDAD
- ☐ NOTA
- ☐ MELON
- ☐ LEÓN
- ☐ BROWNIE
- ☐ QUITAMANCHAS
- ☐ LA VÍBORA DE LA MAR
- ☐ NATURALISTA
- ☐ NUNCA
- ☐ RESPETO
- ☐ RITMO
- ☐ ZAPATILLA
- ☐ ALBAHACA

```
Y W Ó J J A L B A H A C A H T S
N Í É A T W Á Ï Ç Ö Ö Z J R I Z
A Ú N O Q A Y A B I Í H H A X Ç
T W N A Q U I T A M A N C H A S
U N È Z A P A T I L L A H V J È
R N Y O N A M E L O N C Ó C P Ü
A V M Ü B U I V X Í D L A Q E E
L Ó E T Ú N T I È X C L Î M È
I S Q R W V È G T O M N B R Z Î
S È D O D I L E Ó N X K I H J E
T N R N J A Q O Z C Ü F Ç N Ü C
A B A X U E D I H C R I T M O Ü
H J W Z Ö N É H K D M U À G È Í
Z D Ó É K U C Y Ö Z R H J D G Í
D B A N C O T A B U R E T E Z L
Ý I R E S P E T O Q X Í N Ñ Ü È
```

Page 116

## #231

- [ ] UGANDA
- [ ] BIBLIOTECA
- [ ] ROBO
- [ ] ABRIGO
- [ ] CUERNAVACA
- [ ] PARABRISAS
- [ ] BAÑOS
- [ ] TABLET
- [ ] JIRAFA
- [ ] ARZOBISPO
- [ ] VIOLA
- [ ] ASTEROIDE
- [ ] LAVANDERÍA
- [ ] RESPUESTA
- [ ] DENTISTA

```
O P P I A R Z O B I S P O É X V
C K S L R E S P U E S T A Z Ü U
M Ç V Á A W E Ú Q E Q Z É R Ó F
C M M W Î V N À D V P Ó V Î W Ü
C L F J V B A I É É I Ú Ö P È O
U E Ï Ú Ó D O N A O À O J A A B
E W Y Y Ö R S T D E Ñ S L R B I
R U U À E O Q G A E Ï Z R A A B
N H G T Ñ Ý E O Z B R L À B B L
A D S A J I R A F A L Í Á R R I
V A B Î N Ö S H Ý H O E A I I O
A J À É X D O Ü Ý Ö M L T S G T
C E Ö O I B A Á O O H Ü Í A O E
A Z Ç A O N L Y S L T M G S G C
M D K R Ñ Ú W D E N T I S T A A
W Z B U C Î X Ç Ü N D C À Ö L U
```

## #232

- [ ] AUTOPISTA
- [ ] LIGA
- [ ] LOBO
- [ ] BALLENA
- [ ] NOVELA
- [ ] LICUACIÓN
- [ ] GAFAS
- [ ] FERRY
- [ ] SALMÓN
- [ ] CORTAVARILLAS
- [ ] CÚPULA
- [ ] IMPRENTA
- [ ] EXPERIMENTO
- [ ] FARINGE
- [ ] AGUA

```
À R G Ö A G U A Ý F Ö Í Q J N C
Á L G É E E Ü À Ü T É D B D Ó P
Á I N Ö Ó X G H S V Ï Í A G M A
M C X Î T R P W Ü P I G Y D A E
F U B S É N N E Ö Ý I K I Y V Ú
A A I A É Z F W R L I Í M L K B
U C È F L S G E U I M R P A K Ú
T I V Q N L E U R Ö M T R I O Í
O Ó À C Ü Ó E S C R Í E E H È C
P N Ñ I T Í Ú N A Ú Y S N R U B
I L O B O Y S P A L P A T T N Ó
S R H G A F A S K G M U A C O É
T Ö Ö À I J G È Ç L I Ó L P V G
A U Í W B O Ü Z I G P Ñ N A E A
Ý C O R T A V A R I L L A S L B
U G V N C L F A R I N G E T A Ó
```

## #233

- ☐ VALIENTE
- ☐ FOBOS
- ☐ DRAMA
- ☐ HOMBROS
- ☐ CONTENCIOSO
- ☐ ALICATES
- ☐ PALETA
- ☐ DESINFECTANTE
- ☐ ALGAS
- ☐ CLÓSET
- ☐ NIQUEL
- ☐ TEATRO
- ☐ MEXICALI
- ☐ USAR LUZ NATURAL
- ☐ TRANVÍA

```
W K S C S Ü Á P F Ý O Ñ È W S V
Ö T M A Ñ X T W A P É E W U W T
U E E L N Î X I Í L T I Í B Ý C
S A X I P D B Á Ö N E X W H O O
A T I C K R Z B E F S T Ç X E N
R R C A Ö A U I Ý T O V A J V T
L O A T Í M L X E Y D D R Î K E
U T L E F A A S X F O B O S Á N
Z Z I S V W Ó F R I Q Î O Q Y C
N N A X Y L J X E Q Ó C L I J I
A Î I L C R S A É É Ï C Ö È Á O
T B D Q G J H O M B R O S Q H S
U R Ü Ý U A A Ö T B R N N V F O
R R N P È E S Ç B Z Ý Ç Ý À R H
A H V Á V U L F F T R A N V Í A
L D E S I N F E C T A N T E Ö H
```

## #234

- ☐ CANDIRÚ
- ☐ LAVAVAJILLAS
- ☐ ANTÍTESIS
- ☐ ALCACHOFA
- ☐ AJOWÁN
- ☐ AZUCARES
- ☐ TEXTO
- ☐ DIVERSIÓN
- ☐ HÍBRIDA
- ☐ PLAYAS
- ☐ OSA MAYOR
- ☐ MEDICINA
- ☐ MENUDO
- ☐ CORTO
- ☐ ARPÓN

```
J Ï V H L C À T B R J Ü Ï C P A
W G Ó Ö H Ç A Y À Á Ú B T O G D
U G B U Í X L N V Ñ Ç Y N R I P
M R Q P B A M M D T X Ó H T M L
Q H Ñ W R R U B F I I É È O Ï A
L Ý Ú O I P U L O S R À B R Á Y
N T I R D Ó H À R M M Ú O Î A A
L Q E K A N R E Ü R Ü Y K F S S
Ç V T X S Î V Ñ Ç G A A O I D A
À J Ý É T I J O Ñ M N H S Ï F J
Y M Y Ú D O D Y A I C E O Ï Ö O
Ñ Í Ó Ý Ï U Z S C A T Ñ G L D W
É Ó Q Ñ N È O I C Í H M M H Î Á
S C K E T D D L T D M Ç L Î É N
L Ý M U T E A N A Z U C A R E S
W D R P M B A U Ü I A Q Ï T À Î
```

## #235

- RODILLO
- ARTRÓPODOS
- CÁMARA WEB
- LÁMPARA
- ERIZO
- DEMASIADO
- CERA
- CELAYA
- MIRADOR
- ÁSPERO
- MASILLA
- CABLES
- LEALTAD
- ALLÁ
- FRUTERÍA

```
Ç Á Ý O B È E C Ö Î G Î Ñ À K À
Ö O P Ó X S I Ó E Î M Z T Î N K
F M A S I L L A E R Í Q Ú F W L
Ý Ç É M I R A D O R A Y L À Q G
E A B Ú B A C D F Ó Ö P Ç O M Í
Á N L È C R A E Ý F É O Ó V H E
Î R Ý L L T B M Ï C Q K B B Í D
È V R W Á R L A C E R I Z O A A
Ï A Ý Ú M Ó E S E K Î D K T Í J
Ñ W W C P P S I L V J Ç L R R K
G Ü Ó È A O À A A Ú P A E Í O E
N L I X R D H D Y J E T R É D G
F N S E A O R O A L U Ö J Ó I V
C M P Ñ Á S Q Î Q R E Ú Ý L L Z
O S Î Î M F Q Í F X J O U Ö L J
Á M V C Á M A R A W E B Ó T O B
```

## #236

- COLINAS
- COMPOSTA
- VENTA
- GLOBO
- LEGUMINOSAS
- ÁREA
- ENFERMERA
- DOCUMENTAL
- EL GOLLETE
- FLAUTAS
- MALECÓN
- PACA
- MOSCÚ
- BÍCEPS
- CONEJO

```
Ï K H J É Ú Q V L F P Á O O R É
Á L L D D E L G O L L E T E Ö J
Ó E N Ö V O A P G Á N A Ï D T K
X G S O X C C Ñ Ý I Á Q U X N E
X U À L A J K U Y Á W F F T N Á
S M Ñ P Ü F O Ý M R T Ú N Ó A D
L I R E N F E R M E R A C V G S
M N Ü R K Ó Ó Ü B A N E Z O Á Ç
Ö Ö Ü A Á G E Q I Í L T Z N B V
É S S J O À L V D A C J A A B J
C A T C P É A O M É C E T L É B
O S K K Ú Á D Y B L M N P À F Á
N A Ý Ñ R P N Î Í O E W Í S È E
E Y N Ö U N Ü Ï F V Y Ü T A Ý
J Ö Ç W C O L I N A S F I P N H
O F Z C O M P O S T A Ç À X G T
```

## #237

- [ ] CARACOLES
- [ ] AGUJA
- [ ] CIUDAD
- [ ] SITIO WEB
- [ ] SERRATO
- [ ] CHINCHILLA
- [ ] APAREJO
- [ ] DRÍADA
- [ ] ABOGADO
- [ ] MAZMORRA
- [ ] ALMENDRA
- [ ] DÓNDE
- [ ] ATRAPADAS
- [ ] BURÓ
- [ ] ISLA

```
Ñ V G Q È D P R È Î C Q B K M Ú
À Q A P A R E J O V D R Í A D A
C Q Ñ Ö N T H È D Ó E O R Ú Ú S
M Í E C V Ñ R A W L Í R M M O I
W Ú U A C Y D A K Ç O S S V Ö T
Ñ W J R C U M S P M D Ñ X Ï S I
À Ü K A I H U Z Z A R P Î É N O
W A Á C R Ï I A D Ç D O Z I Y W
Q B F O D Ó M N A Ó D A Í S À E
I O I L È Q D Ï C G N D S Á X B
V G À E S Ö U N Í H U D S K B F
W A S S U E U H X H I J E V U M
R D M M Í W Í I S L A L A X R À
O O Y Ó S E R R A T O W L È Ó Ý
B E G È A L M E N D R A L A B M
O M È G Ý È Z U É À À Ú E F Y Ö
```

## #238

- [ ] TAMPICO
- [ ] TIRISTOR
- [ ] JUGUETES
- [ ] ÁRBOLES
- [ ] DIODO
- [ ] CARNE
- [ ] EXOSFERA
- [ ] BICICLETA
- [ ] PINTAR
- [ ] BRONCE
- [ ] PUENTE
- [ ] EQUILIBRIO
- [ ] BIOLOGÍA
- [ ] ABSCESO
- [ ] APÍCOLA

```
D Ç B X Z B O Ö F W P O G A Ç Ý
O U U I M Î R À E E E O M N È E
Í P W Ó O G O O Ó C A R N E J Q
T R Á A Í L E Ñ N X F Í Ö J É U
I Y I S L T O A W C I Ú A Ç J I
R H N J N W E G T D E Ý K A U L
I Y W E È S L W Í X D È Á P G I
S F U Q Y F W Ï Ç A Ü Ö R Í U B
T P B T Î I P I N T A R B C E R
O H M A Ï M Y L Ñ W Z E O O T I
R È Á M H U F Ï Ñ É C C L L E O
A W Ú P K A B S C E S O E A S C
O G X I L F Ý Ú L M À J S Ç B J
B Y Z C B D I O D O R Í Q É Y Á
D Y É O É È E X O S F E R A È K
R B I C I C L E T A Î L W A K Í
```

## #239

- NIÑOS
- PUBLICAR
- TIFÓN
- VARONIA
- FRESA
- OCÉANOS
- PELÉE
- MANGLAR
- ESCOBA
- DENOMINADOR
- INFINITIVO
- PATO
- SORPRESA
- LEÓN
- ARTE

```
Ö Ü I Q À N É C D Ö Q Ý Ý L H Ü
M À N M A N G L A R Y A Y G R D
W Ü F É N I Ñ O S É B T Ï P É E
Ñ R I Y M P S C Q O Q A R T E N
E E N N A U È O C Ï À U Á É E O
H L I F Ç B P S R G Ç Ç Ñ K J M
I E T R I L E R J P U Ü Í G P I
R Ó I E Ü I F T Q N R O É D E N
Ó N V S T C K F Ó Î T E V H L A
O Î O A Ï A Í F B A I M S D É D
U C Ü O P R I Ö P N Ú S D A E O
I L É O S T D O Y Ï S C W C É R
É J X A C Í Y Î Î P Ö P P Ï Y Ç
N K Z A N Ï F Y P É Ñ C X Ú W Ç
O D M O Á O C V A R O N I A O T
Ñ T L Ü M Ó S V M U L C È Á F Ï
```

## #240

- CASAS
- PÁNCREAS
- AZAFRÁN
- RUSO
- AÑÍS
- ETNOLÓGICO
- SECANTE
- DENTRO
- ESPEJO
- MONTAJE
- SOPORTE
- ANETO
- ACERO
- GUITARRA
- MAGNITUD

```
Z Ó Ü I Ú Ý À Ý P M O N T A J E
J E T N O L Ó G I C O É S Ñ K Í
Ü F È S Ï A A E H E Ó Í À M M P
G Q E S P E J O Á N Ñ Ú À Ç I Í
U L J Ü Î T Ý O Á A Ñ Ï Ö Ö R H
I U Á Ú G È I R A Ó S P O Ñ Î K
T Q L N Á Í F N X Ý O A Y O È H
A S P Ï F A Ç M Ñ S P Ö S S Ö H
R Ü H Á Z N É X O E O U Î Ó Ñ D
R J H A N Ï K S I C R I N K E Ö
A O V X A C O F E A T E À A Y Ö
C A S A S N R P É N E Á Í C C Ñ
H P U H E J E E V T È Á M E Ü T
R À H A R N L T A E V Z I R G M
O È C D E N T R O S È S W O C Z
À O I M A G N I T U D Z F J H X
```

## #241

- ☐ DEIMOS
- ☐ BAGEL
- ☐ JULIA
- ☐ BIDÉ
- ☐ AFICIÓN
- ☐ AJO
- ☐ JERINGAS
- ☐ SANSEVIERA
- ☐ VERACRUZ
- ☐ MECÁNICO
- ☐ NUEVE
- ☐ BOLERO
- ☐ PORTERO
- ☐ DRAGÓN
- ☐ PANTUFLA

```
A P Í E Ï Ú V D K Ý J Ï Ó N Ü Ï
Ï L V B A G E L Q Ñ Ç Ñ É Ç R Q
B R Í H Ú B O L E R O O Z T Y C
D R A G Ó N S I T É C P Ü E Ú T
É L Ñ R Ö G Ü G D I J S F U L R
E Z I F B S Q I N Z Q A Y À È Z
D P V I T Á B Á U Î I N Ý E D Ý
X O X Ü B A C R Q C Ñ S W A J R
J R K G Ü E C Ö X X I E Í F U Y
E T R E M A N U E V E V Y I L Í
R E È Î R V Á X Ý A Ü I J C I X
I R Ç E W Ü Î O F M Ý E Ý I A S
N O V Z O Q J P N Ü K R Í Ó Ý Ñ
G Î Ç E Y A F Ý Ö Ç Ú A Ú N A S
A W Ç P A N T U F L A Y C Í Z G
S Ö Y D E I M O S U R M X W Ý Í
```

## #242

- ☐ JUVENIL
- ☐ SUCRE
- ☐ PASTELES
- ☐ ENTRADA
- ☐ MURALLA
- ☐ GRANERO
- ☐ EVEREST
- ☐ EMPATÍA
- ☐ SUPRARRENAL
- ☐ AMAPOLA
- ☐ PICA
- ☐ ASIENTO
- ☐ PATEOS LATERALES
- ☐ BATERÍA
- ☐ SATURNO

```
O S U P R A R R E N A L Î P M Ú
P Ñ Ü O Ï F Í P A S T E L E S A
A N Z W O J N H A S I E N T O R
T E N T R A D A Î P I C A A A O
E H È U O N À À A Á Ñ Ç L Z R G
O J Z Ü N Ñ Ö A Ü R V O C E À Ç
S U S U C R E Á T Ú P Ú N W A O
L V D B O K Ñ S O A W A S Ú C E
A E Ú M É T E N M U R A L L A I
T N Ñ Z M R R A B G E L A V À L
E I U Ú E U M N A À M F B É J Í
R L Y V T R V Ñ T E P Á Ö É B V
A Á E A W Y Ú É E R A M É U F Î
L Ü S P Ö U Ó M R Ú T N F M K È
E Ñ Ö Ó Ú F O Z Í T Í Í È É N Ñ
S À Ú P K Ñ Ü C A N A X Î N P Ý
```

Page 122

## #243

- [ ] CANTAR
- [ ] BIOLOGÍA
- [ ] GLÚTEO
- [ ] GRAPADORA
- [ ] PIZARRA
- [ ] ENDIBIA
- [ ] AZTECAS
- [ ] JARABE
- [ ] PADRE
- [ ] RUSIA
- [ ] IMPRESORA
- [ ] GAMIA
- [ ] DOBLES
- [ ] VENTRÍCULOS
- [ ] AQUÍ

| Ñ | O | Q | D | G | F | É | J | A | R | A | B | E | Ö | Ö | E |
|---|---|---|---|---|---|---|---|---|---|---|---|---|---|---|---|
| G | C | A | N | T | A | R | J | R | O | H | M | Í | Y | C | Ö |
| K | M | C | K | G | Î | Ú | W | S | Í | Ü | Î | À | Î | Ó | Í |
| I | M | P | R | E | S | O | R | A | Ñ | Ü | À | Ü | O | Í | Ú |
| P | J | D | V | É | Ö | P | A | D | R | E | P | U | U | Y | T |
| R | U | S | I | A | Ý | K | G | A | Q | D | Ç | Q | Ñ | G | Í |
| G | E | V | À | X | E | B | C | J | V | Y | A | N | U | A | H |
| R | N | À | Á | À | Ç | I | Ü | A | Î | J | Á | F | Ü | Z | É |
| A | D | È | M | À | U | O | Ï | Ü | Q | A | D | Y | E | T | K |
| P | I | Z | I | Ý | G | L | Ú | T | E | O | É | Ï | Ú | E | É |
| A | B | H | W | R | Ú | O | G | Ý | A | F | C | N | É | C | N |
| D | I | Ú | K | W | T | G | W | A | L | F | W | Ü | Ú | A | S |
| O | A | E | S | R | Y | Í | U | X | M | Z | Ö | U | P | S | A |
| R | N | Y | P | I | Z | A | R | R | A | I | Á | Y | G | U | Ç |
| A | O | Î | D | O | B | L | E | S | Ý | Ü | A | C | À | O | N |
| T | È | L | Ç | Î | V | E | N | T | R | Í | C | U | L | O | S |

## #244

- [ ] TORNEO
- [ ] AVERROES
- [ ] CICLISMO
- [ ] ATENEA
- [ ] BOAS
- [ ] CAFETERA
- [ ] HORMIGAS
- [ ] PERSONA
- [ ] SEGMENTO
- [ ] CAMARERA
- [ ] CORCHO
- [ ] ANOCHE
- [ ] PELOTA
- [ ] CHOCOLATE
- [ ] CÁTODO

| T | A | B | G | Ï | À | W | N | Î | L | X | G | G | Y | O | F |
|---|---|---|---|---|---|---|---|---|---|---|---|---|---|---|---|
| C | V | G | N | D | P | Ü | À | O | K | È | W | L | M | W | E |
| K | E | Ú | S | Ö | V | B | À | M | B | N | Á | S | Í | T | Ü |
| Ñ | R | X | E | A | O | O | Ó | Ú | N | É | I | Ü | À | C | R |
| Î | R | C | G | P | X | A | D | K | Ü | L | T | H | H | O | Ñ |
| X | O | G | M | E | Q | S | Y | Ç | C | V | O | Ü | O | R | R |
| P | E | Í | E | R | R | V | C | I | V | R | R | Ñ | R | C | V |
| Ç | S | J | N | S | A | O | C | H | Ý | W | N | W | M | H | G |
| T | P | Y | T | O | C | T | É | A | O | D | E | Ú | I | O | Ñ |
| X | E | A | O | N | X | A | E | U | F | C | O | Y | G | T | Ï |
| Ñ | L | J | N | A | M | Á | M | N | C | E | O | W | A | A | M |
| À | O | L | I | O | L | F | X | A | E | Á | T | L | S | E | J |
| F | T | È | Z | S | C | L | I | Y | R | A | T | E | A | M | S |
| È | A | L | J | É | P | H | V | P | Ó | E | A | O | R | T | À |
| M | G | C | Î | O | J | S | E | W | A | Z | R | Á | D | A | E |
| Ö | X | F | Ç | L | T | Z | F | É | É | È | S | R | A | B | O | P |

## #245

- ☐ SILLA
- ☐ DEBAJO
- ☐ COMPOSTAJE
- ☐ REHOGAR
- ☐ CALLE
- ☐ HIGO
- ☐ EMPATÍA
- ☐ MONTAÑAS
- ☐ CIGOTO
- ☐ JUPÍTER
- ☐ MENSAJE
- ☐ GAITA
- ☐ ESTABLO
- ☐ BOTSUANA
- ☐ REPARTO

```
Î M O N T A Ñ A S Ï R Ó E Ö S E
R M Ý À C Í C A Z Ç X J O Ö Á W
D Ï Ç C Ý A X W I O A J O L È F
J J Ñ Y Ú I L E E S A T O A Ï R
È T U Ö N G D L N B O T Ú Í A Ý
S C C P Î A S E E G R A J G T J
R X O G Í I M D I A N Ü O Á Ý B
X E M À U T È C P Ï C H N L N O
Ç S P M M A E E R O E V È V N T
P T O T Ï M R R V R J K C W X S
Q A S Î O R Í H S R U I Ö Ú Z U
T B T H H Á V Á Ç O O À È P P A
Á L A Y I Ç X N I E F N Î Î C N
Ú O J Ï N G Î Ö S I L L A Ú U A
U Ö E Ý K K O E M P A T Í A J H
D U I M E X Ï J Ý M E A Ó A P V
```

## #246

- ☐ VISERA
- ☐ HÍGADO
- ☐ RETINOPATÍA
- ☐ CINTURÓN
- ☐ PARASOL
- ☐ SÍLABA
- ☐ ADRENALINA
- ☐ APARTE
- ☐ PEATÓN
- ☐ MUEBLERÍA
- ☐ ESPEJO
- ☐ PELÍCULA
- ☐ AUTOASIENTO
- ☐ VENTANA
- ☐ CAMALEONES

```
A U T O A S I E N T O Ñ D O O C
À Ç V Ï Í L À X Ö I U Î W J Ç A
Î O E È W X U Ý Ç F W Ñ E T Ç M
N Ñ N E Z À P P Ü D A P Q X E A
A Ñ T O H Ü À C Ñ H S I Ç X A L
P E A V Î A P Ñ I E Í L L Í C E
A W N D É G È E A N A G T Á T O
R Í A Ç R A U L A Í T A A Ï X N
T I Ú R R E U E R T P U W D L E
E U È E À C N E Ó O Ó Z R O O S
T Y S S Í H L A N P Ï N S Ó À C
K I K L Í B U I L Í É A U D N Á
V R E D E L T W Ó I R Ö Ö L Z W
A P É U Ñ E A Î Ó A N Ý K P C I
H Á M Î R T J B P Ñ H A R A Ó Ç
È A U W J Ý D È A O I U Q I P À
```

Page 124

## #247

- ☐ BAILARÍN
- ☐ EXPLICACIÓN
- ☐ POLIEDRO
- ☐ ALGIA
- ☐ JABÓN
- ☐ AGUA DE COCO
- ☐ CIEGO
- ☐ TRAJE
- ☐ ALFILER
- ☐ AVIÓN
- ☐ CABRA
- ☐ TEATRO
- ☐ GANGLIOS
- ☐ DURANGO
- ☐ GUSANOS

| Ý | I | K | À | Ö | C | Ç | Ý | G | Ñ | Ç | T | Ü | W | Í | Ú |
| È | È | H | Á | Ö | R | Ü | Ö | U | P | Ý | Ý | W | Ç | O | L |
| T | Ó | J | É | U | G | U | A | S | È | G | Ñ | R | R | V | R |
| Ç | C | C | A | B | R | A | W | A | U | F | Q | T | D | Q | N |
| A | K | K | X | O | A | M | C | N | B | À | A | R | E | Ó | B |
| G | U | G | S | B | O | I | O | O | E | E | E | M | I | G | Á |
| U | C | B | V | H | N | I | L | S | T | L | Ú | V | J | A | S |
| A | W | I | E | I | Z | S | L | A | I | X | A | E | Ü | N | P |
| D | T | R | A | J | E | Y | O | F | R | D | Í | Ñ | Á | G | O |
| E | W | G | O | Ï | Ç | G | L | C | F | Í | F | T | I | L | L |
| C | Ý | J | T | H | N | A | J | B | I | Y | N | Y | C | I | I |
| O | M | Ü | S | A | E | Î | A | O | G | E | Á | Î | À | O | E |
| C | A | Í | R | F | K | O | B | Ç | Ý | Ç | G | V | F | S | D |
| O | I | U | L | F | O | D | Ó | N | Ç | H | B | O | Y | Î | R |
| F | D | M | Ö | J | L | T | N | A | L | G | I | A | T | Y | O |
| U | Ö | X | Ñ | E | X | P | L | I | C | A | C | I | Ó | N | G |

## #248

- ☐ LA ROÑA
- ☐ LAS FLORES
- ☐ SOPA
- ☐ TUMBES
- ☐ COMERCIO
- ☐ PAREJA
- ☐ INUNDACIÓN
- ☐ TEMA
- ☐ MOTOR
- ☐ EQUIPAJE
- ☐ DORSAL
- ☐ COLOMBIA
- ☐ PIRÁMIDE
- ☐ CANCÚN
- ☐ COMUNISMO

| C | U | À | P | J | R | V | E | V | F | Z | S | T | E | Ü | I |
| Ý | C | Ú | D | I | A | T | W | Á | Ú | É | Ý | Q | A | Ö | I |
| Ö | G | Ý | C | Á | R | B | U | Í | M | Á | Ñ | J | È | Q | L |
| N | Q | Z | O | T | N | Á | Ñ | M | G | Ú | E | Ú | C | Í | G |
| Ñ | F | G | M | E | M | Ó | M | E | B | R | I | F | O | É | I |
| Ü | Ó | C | U | M | W | Ç | E | I | A | E | Î | P | M | E | N |
| É | S | O | N | A | L | D | A | P | D | Ý | S | R | E | Q | U |
| D | O | L | I | L | A | R | O | Ñ | A | E | Ï | N | R | U | N |
| A | L | O | S | X | S | N | W | Í | Í | Ý | Ý | È | C | I | D |
| H | L | M | M | E | F | J | Ï | Y | È | U | Ñ | V | I | P | A |
| Ç | R | B | O | D | L | M | B | R | È | E | M | L | O | A | C |
| W | R | I | Q | G | O | O | N | U | Ç | A | K | R | Ï | J | I |
| K | B | A | S | R | R | T | M | F | P | W | O | K | V | E | Ó |
| Ö | Ñ | O | L | É | E | O | G | O | I | C | A | N | C | Ú | N |
| É | S | Ý | J | L | S | R | S | D | O | R | S | A | L | Ñ | K |
| Z | H | Ï | D | P | Ç | Y | N | K | Ñ | C | È | C | G | Ï | F |

Page 125

## #249

- NERVIOSO
- POLIDIPSIA
- ESTONIA
- IGUANAS
- CONTRA
- GORRO
- CÚPULA
- PLUMA
- ALBA
- SIMPATIA
- OREJAS
- CARPA
- QUÍMICA
- COHETES
- FIESTA

```
Ï W E K N T T A Á J D X P G Q V
Y Ü Ñ D Á S D O S I Z U A O Ç L
N O C P D Ú I A M K H I Í R T Q
E A J Ú Q B N M Ï C S X F R Ó C
R G O K P A F Ñ P P Ö A I O V O
V Ó N E U U C G I A R Í E K Í H
I P Q G S X L D C T T È S É I E
O L I D Ú T I A N A È I T X X T
S U Ï Ú F L O O H Ç R Á A N O E
O M Ü Z O U C N U Í S P Q Í Q S
Z A Ó P Ç Ï B Ü I Ü J R A T U K
Ï W W B I G Ü Í A A I Ñ Y Á Í M
O R E J A S Ó D L È X R Ñ Ó M Î
Q Ý R N Á W Í D B J P B Z L I S
Q Ç M G È A R N A W E Î P J C I
K É K Z A U V É Î A M Ó L Q A P
```

## #250

- PAPAYA
- NEMATODOS
- ESTATUA
- PANADERÍA
- ALCARAVEA
- JAPÓN
- HOMINIZACIÓN
- EJIDO
- PISO
- RENTA
- DESCANSO
- PASILLO
- ACAPULCO
- CIRCUITO
- LUX

```
Y R W Í Ö U K Ü Ý Ó H U F E H Ü
C Ú Ó V E Í E J I D O F Ó L R Z
R I C H O M I N I Z A C I Ó N M
R Î R À P A N A D E R Í A F Ý H
M Ñ W C A L C A R A V E A O Ü J
A E Á T U U V P I S O C S Q G Ö
N V S Y Î I W Ú Ñ Ç J N E Y Ñ Î
D E X T Á Y T J D D A M Ï O Ñ Y
R P M H A Á W O Ý C P À Î L Z È
C A L A Í T R V S X Ó Z D U U Ñ
Q S Ç Y T J U E I E N H F F S X
Ñ I M T Ó Ó D A J N J Ö D Y C K
J L Ç M Ú Ó D Ï R E N T A R Ç R
E L W I N Ñ X O Ó Ý I M A É Ñ I
G O P A P A Y A S A Á H I Ö H Í
Ç Y Ç A C A P U L C O A C B R Î
```

## #251

- ZONA
- FLORA
- ÁRBOLES
- PATINES
- NÚMERO
- ACTUACIÓN
- ROSAS
- JULIETA
- CORONA
- GRILLO
- VENTOSO
- ANCHO
- HUERTA
- PROTOCOLO
- CHICLE

```
Á Z H Q R Ó L K X È Ö T Á Î M Ö
L O H E A C T U A C I Ó N P Z Î
D N P Ü Ú Ý G X Ó Í E A P A M L
Q A Ç J U L I E T A M E R T Ç Y
Î X X V Í À F K I É R S O I C Ö
M C Í Y X U L J S P Í F T N C È
E H Ý Á R B O L E S G À O E O A
Ü I Ü E A L R À W U R Z C S R À
W C Ï R Ú Ñ A K Ó M I À O Ï O È
Ñ L T Z S R Ü Á I X L Ñ L Ö N Î
B E G A Ï O Z L Ö Ó L É O K A È
M M G Ö Í S A K D Q O G U T Ö È
A N C H O A D Ö N Ú M E R O Ý W
E K U Z Ç S S É È W L E J P M O
Ü O Q W B Ý W Y D V U Ñ A Ó Ú Ï
V E N T O S O Ü Q H Î R È W C Ï
```

## #252

- PIENSO
- ÁRBOL
- BASALTO
- LAPIZ
- BENDA
- JUEGO
- CARIDAD
- CONCEPCIÓN
- ANÉLIDOS
- BURRITOS
- BILLAR
- BALSA
- BARCO
- EPÍLOGO
- PRINCIPADO

```
Q I T G I H B P S F G J I A Ý A
I C Ö Ú S R U C Z È O E É S Í N
N Ç J T Ö S R A Í Ú Ö Ý H M Ü F
J I Ö U Ú R R Ñ Z V G À Ç B J
Ú C V H E S I I Ï Ü U B À P I Î
Ý O S Z C G T D F W Q A O Á L H
P N V L U K O A Ó V O L J B L W
R C É Z A Z S D X T Q S U S A W
I E È B É P X B L Ü J A O N R S
N P Á L A Y I A E B Î D O G Ó R
C C É R Ñ R S Z V N I Ü L Q C I
I I A L B A C K U L D E É U Ó Ö
P Ó Ñ I B O Ú O É Q Ç A Ï Ï È À
A N G F L I L N O È G É Ï Î Í
D A Ý Ú R V A Ú P I E N S O U P
O G P L V E P Í L O G O N P B É
```

## #253

- SHORTS
- CINCEL
- CON
- CAIMÁN
- TENIS
- CALISTO
- HAWÁI
- ENLACE
- CAÑADAS
- PLATA
- ZIGURAT
- HIERRO
- LENGUA
- BRASIER
- SETO

```
L Ý C A I M Á N Ý Ó M E Y J Í Ó
A D G H O X H O W É Ú É Ö Z Á Í
È C X Ó Í J È W Ü X G T Ó I Ö T
Ó Ú I S T É Ü Ç C C Ý Ú Î G Ü Ï
Ñ B L N H À È Ñ E A Í K Î U F Í
B D E Ý C O Ý R Ú B Ñ Ü E R V Q
R I N J O E R Y B X U A C A Á À
A H G X C P L T Y R B Ñ D T G H
S A U A W L T M S E O J J A B I
I W A È B A Í R V T N H È F S E
E Á F U R T S Ö S Ó Ý L Y N Ñ R
R I X I Ú A W I S Ü G À A J Ó R
Ï Ü J Ç U C L D E R Ñ R E C Ñ O
R S Á Y Ü A O Ï T H Ü L J È E Q
K Ñ J S C G S N O É T E N I S Ö
Ý B R Ý Y C Y Ç U Q M Z Z Z T N
```

## #254

- ENTORNO
- MESOSFERA
- UNIVERSIDAD
- PANTALÓN
- GENÉTICA
- ESTIRAMIENTOS
- FLORISTERÍA
- GUSANOS
- CHAMPÚ
- PALABRAS
- CEREBELO
- TELEVIOR
- TERREMOTO
- TRAJES
- GUINEA

```
F Q U T À G Ñ Z F Ó C P T X Z A
M Ý È Ó L U Ü Z E È H P E Ú U H
E E O Ý F S V Z R B A À L E Ý L
S G È V Ö A A V Ü P M U E E X T
O M U Í P N Y L P A P N V S Í E
S D Q I B O W W O N Ú I I T S R
F Q A Á N S Ï N O T É V O I Î R
E Q T Y S E R Ú R A U E R R P E
R H S Í M O A Ö Ö L N R X A A M
A Í Á Ú T Z V W G Ó I S C M L O
I Á D N B D H K V N E I W I A T
D C E R E B E L O J T D Q E B O
Í À Y M A W B E A É K A S N R Á
G M Y O X H L R N K H D Ï T A Ü
Q G C X Ñ X T E B L À È C O S D
M Ñ Ú Q Ö L G Ó À Í H Á È S E Ü
```

Page 128

## #255

- GÓMEZ
- HIMNO
- MALAQUITA
- TRAS
- ANADIPLOSIS
- SABANA
- ACÁ
- CIRUGIA GENERAL
- RETOÑO
- OXÍGENO
- PAYASO
- ÁRBITRO
- BATIDORA
- CONJUNCIÓN
- MALETA

```
K A N A D I P L O S I S T Z L Ú
Ü K Ï C O N J U N C I Ó N Ç Á A
K D C I R U G I A G E N E R A L
B Ç U Ó K Ý M H C J Ñ Ý Z Q Ñ A
L L X U H Á V I Z Á L Ç V Ñ N M
J E Q Z R I F M Ü Ú R Á H A À A
Q Ï K T L E E N V W U B B H G L
R G B H É À T O O A H A I È O E
X A Ñ Ö Z F Ü O R X S W Ç T E T
P C Z E J X S Ñ O Í J Ó C R A
P Á M R L Î D B H O Q G D K Z O
I Ó À S G I M K I K H B E A H Ý
G J A É T T K Ó H U F Q H N È G
P R M A L A Q U I T A È W O O E
T M B Ü C V U S Í P A Y A S O Ý
P S E F U U Î F O Y Ö V È Ç R T
```

## #256

- ARETE
- CARACOL
- AVIÓN
- SHORT
- RECTANGULAR
- DIAGONAL
- TÓNICO
- ABONADORA
- SEGADORA
- DULCE
- BOCA
- IGLESIA
- URUGUAY
- MONITOR
- APODACA

```
S E G A D O R A Ñ C D C G I Ñ Ý
A B O N A D O R A Í D Ö È D L M
O S S F T C G A Î D Ú Ó F T B N
D A X È I Ú I J Z Z U I È Ç O Ö
I X V N H S J É À D A L X X C J
A E Ó I E Ö R U R W F E C Ú A Ý
G T Ç L Ó O J F J R T Q Ý E V Ñ
O I G È T N V Y A E Ü Í Ý S Ü I
N I G I Ï D A R R J C Ü Q Ó X Ú
A Í N Î Ý U C A À S H O R T I S
L O Ï K G L F A É S S C C V À Ç
M E W U Í Z S Ú R Î I Ï W È H L
I Ú R D F Q Ö Ý O A C S K E Î X
Ñ U D M O È S P B K C R T X T N
Ó O H È A P O D A C A O Î Î Ú B
H Ö P Ý R E C T A N G U L A R R
```

## #257

- ARIEL
- GALAXIA
- MENOR
- LARGO
- ASÍ
- AGUA DE LIMÓN
- ESPOSO
- MORA
- HORQUILLA
- TAIGA
- CAMINAR
- BIODIÉSEL
- TREN
- GEMELO
- CAIMÁN

## #258

- CALABAZA
- CALCO
- RASTRILLO
- ZARCILLO
- PUBLICO
- VÍBORAS
- NAGA
- GEL
- NEBULOSA
- PANADERÍA
- PARÁBOLA
- ÁCAROS
- ENSENADA
- DESCANSO
- PERIÓDICO

## #259

- JAVA
- ANALÓGICO
- PAPAS
- CÓRDOBA
- MUEBLERÍA
- CERVINO
- ARQUEOMETRÍA
- CINE
- ACTRIZ
- MICHOACÁN
- IGUAL
- CARTEL
- RACIONALES
- GOMA
- POSTRE

```
A E È X X F M I C H O A C Á N G
Í Ñ Ý L K Î A C E O Ü N A È Y
L Ñ K X Z M H Ç Q M A G N V Y
Ï D Ï Ö I O E M R T S D Ü Ñ Ý C
À L Z R G M L Ï M E O K N T K A
A E T J R Ó Ñ N L Ñ J Ö D Ý O R
U C I G U A L A G C K Ö É C Ñ T
A Î Ö Á N P N C C E R V I N O E
Ö V U H Î O P J Ó D I G M L P L
W M B X I S A A W R Ó P F I W Ç
Ï J E C S T P V É L D V B A Y Á
X B A À V R A A A O E O Î Ï R H
E R P Q I E S N Ñ N D I B G H J
Ú T S Ú N G A E I I V X E A Ç É
T J V È É B À C Î D A A E W C È
Ö Ü O G X A U M U E B L E R Í A
```

## #260

- AUDITORIO
- LOBO
- ARES
- RESISTENCIA
- CABALLO
- CUERDAS VOCALES
- GRAVITÓN
- MOMIA
- BÚHO
- ROLLO
- MOLUSCOS
- HIDRÓLISIS
- ABDICACIÓN
- DECIMAL
- MUNDO

```
D I M Í R E S I S T E N C I A É
M Ú Ý S Z C A B A L L O L T Ü P
Ý R O L L O Q J Ñ Q C Ó B T Ú F
X A M M O M I A T D E C I M A L
Ý B Á Z L Í N X M U N D O Y Í I
R D Á G C T Î H L É D Î X Î N Í
Ç I Ü R W N T Ç Á O À I S A Î É
L C F A M L Q R G K B Z R Ý Ó M
V A R V K T Î L H Ï G O Ö Z E Ó
K C B I Á M O L U S C O S P A R
Z I Ú T A Î Î O Ú L Ó X Ú S X U
Î Ó H Ó Ç R I E S Ý Á P P Ñ A G
Ï N O N Ú L E W F Î Z Ó Z S O S
F C U E R D A S V O C A L E S S
C Î A U D I T O R I O K R H Í S
T H I D R Ó L I S I S C À C È O
```

## #261

- ☐ MONTAÑA
- ☐ CÍRCULO
- ☐ CENTRÍOLOS
- ☐ TALÓN
- ☐ ÁRBITRO
- ☐ GANAR
- ☐ ARCHIVERO
- ☐ TERMAS
- ☐ ELBRUS
- ☐ CALABACÍN
- ☐ MENOS
- ☐ MASCOTA
- ☐ SUJETO
- ☐ MATILDE
- ☐ ARMENIA

```
S I C Í Ç Ú Ñ O Q P K Ú P À M Ö
Ñ S G G A N A R G A É W È Ü J Ï
B J U Í R M A T I L D E J À À B
I D B J H Ï M O L M Ú E U W S N
A A C T E Ç R O T Ç U Ý N U R S
W I È Í Ü T L Ö N Y B I R B C Q
Ý Z I Á I U O Q C D M B E M E M
A Ü Í B C V V Ú S É L Í M A N E
R Í R R T A L Ó N E Ú P O S T N
C Á Í A R A W E Ú A M Ç N C R O
H C Á M Ó E R É O À À I T O Í S
I D G Á T E R M A S J L A T O Ö
V K O Ö K Î Ç Q E I H L Ñ A L D
E C A L A B A C Í N Z P A J O A
R D J Ç H B X Q À I I È O Ï S J
O Ñ C Q A À I I Ó V W A T B K C
```

## #262

- ☐ CUEVA
- ☐ LENTES DE SOL
- ☐ KARATE
- ☐ NUBLADO
- ☐ BLOQUEO
- ☐ SAN JUAN
- ☐ PEZ CEBRA
- ☐ LACA
- ☐ MOSCA
- ☐ VESTIGIO
- ☐ GUANINA
- ☐ CACHALOTE
- ☐ OCHO
- ☐ GALLINERO
- ☐ CRÍTICA

```
S S Á S P E Z C E B R A O J O T
Î È K C D V C C R N P V A S Ü Ö
S À Ý Z R A E E A B I Z E V Í K
Ü Í À Ü V Í I S B C L Ó Ñ G À X
K Ñ T E Ü X T T À H O T Ñ L K
D F U À Y W A I L I U A Q W Ç
N C Á Ü D Ç H Í C É G G L U Á Z
Ó U G U A N I N A A Ì Ï È O E K
Y W B Ü E L A C A V Í N O Ý T O
Ç K U L Î Ý W P U D A H L J K E
V À É Ö A È Ï A S U C Í H O A A
D É P P V D C Í J O B K N S R U
Î Ï Î Ï Î S O N F Ç Ó V Ü M A W
A Ï Ü O O H A L O C T À A Ö T I
D M R M M S Y Y N I E Ö C Ü E W
Ï X Ü Ö Q R B G A L L I N E R O
```

Page 132

## #263

- BARCO
- FUEGO
- CÁMARA
- PLATÓN
- GÉNERO
- DIABASA
- PRÓTESIS
- HUEVOS RANCHEROS
- COMA
- MONTE FUJI
- GALERÍA
- DEMÁS
- HORNO
- ORCUS
- MORTERO

| A | G | R | W | Í | Y | È | Ç | V | B | X | Ö | P | N | A | C |
| Í | S | Ü | Q | R | O | T | M | H | R | A | E | R | Í | Q | H |
| Í | M | O | N | T | E | F | U | J | I | E | R | R | Z | J | U |
| P | B | L | B | S | Á | A | Ý | X | Z | W | E | C | L | U | E |
| Z | Á | H | B | M | R | A | K | U | Ý | L | C | M | O | C | V |
| E | Ï | Ç | Ó | A | O | U | C | E | A | D | C | O | Í | Î | O |
| Ó | P | G | M | T | D | R | F | G | Y | Ó | J | R | H | Ú | S |
| Z | Ó | Á | J | A | B | D | C | Ö | Î | È | M | T | Ï | Q | R |
| Ú | C | T | D | È | P | D | J | U | Ó | Ï | M | E | P | À | A |
| R | H | E | I | P | R | E | G | L | S | O | Ú | R | V | Î | N |
| L | C | Y | A | L | Ó | M | O | É | N | É | F | O | Ý | Ñ | C |
| V | È | O | B | A | T | Á | J | R | N | Ó | Á | U | X | Ï | H |
| Ü | C | S | A | T | E | S | O | È | Ý | E | B | Á | E | J | E |
| X | O | U | S | Ó | S | H | É | D | Ç | M | R | W | T | G | R |
| À | M | Ç | A | N | I | Ö | U | V | N | M | A | O | È | Ó | O |
| Î | A | F | V | J | S | W | Ö | V | S | É | H | X | R | U | S |

## #264

- PELO
- EMOTICAPSULES
- PLUMA
- FEBO
- PEDALES
- AMINOÁCIDO
- ZAMBIA
- NIETO
- VOLANTE
- CINE
- DEPRISA
- GUANTES
- HORNEAR
- MISMO
- LAGARTIJAS

| N | E | P | E | Ç | P | P | Ý | V | Á | W | B | Y | A | S | P |
| È | M | V | E | D | C | D | E | S | C | Z | Z | M | R | Z | È |
| F | O | G | É | D | Ö | N | L | L | I | Ü | R | Ü | Ç | P |
| N | T | N | C | T | A | F | U | Ö | O | L | Ý | H | À | G | Î |
| D | I | Ú | S | À | Ï | L | È | E | P | Ñ | A | O | F | K | Z |
| E | C | E | K | J | G | C | E | Ñ | Ý | À | D | S | S | Î | H |
| P | A | S | T | O | H | I | F | S | K | I | C | E | Á | T | R |
| R | P | Ý | Y | O | E | N | D | Ý | C | O | T | U | O | A | Î |
| I | S | H | Z | Ó | F | E | Ñ | Á | B | N | I | Ý | E | X | R |
| S | U | Ç | Á | A | Ý | G | O | E | A | Ü | P | N | O | K | L |
| A | L | È | A | Ü | M | N | F | U | Ï | Í | R | M | O | Ç | Ö |
| Ñ | E | D | X | R | I | B | G | Ñ | Z | O | S | K | F | B | Ö |
| Í | S | S | Ó | M | Ñ | Ñ | N | I | Ü | H | I | Á | M | L | Ï | Z |
| C | À | Y | A | B | Q | I | U | A | M | R | T | X | X | C | É |
| F | W | L | A | G | A | R | T | I | J | A | S | C | È | Ý | J |
| Í | Ó | V | O | L | A | N | T | E | Ï | B | M | Ç | D | É | K |

Page 133

## #265

- [ ] CARRERA AL TESORO
- [ ] PLANETA
- [ ] ARREBATAR
- [ ] REFERENTE
- [ ] CASI
- [ ] GOMINA
- [ ] DANZA
- [ ] NIEBLA
- [ ] ENCIMA
- [ ] DENTADURA
- [ ] CALENDARIO
- [ ] PRIMATES
- [ ] JOYAS
- [ ] LILA
- [ ] TINTORERÍA

```
J B E D E N T A D U R A P D D C
A S C Ý U À J P È S F W A X È A
J X Á É A C A L E N D A R I O R
Ý Ý T S E Y Ç T Ú C A S I R H R
M O E I R A A À Ü L A E T Ý H E
Î F B K N M Y Á I E Î A T J R R
Q Í Ó I I T Ó L B Q T È F Y E A
L D M R A É O W Y E Ü M È S F A
A O P R S R J N Z Z É A Ú E L
G Í V K Ç Ú R A E Ï V Y Ü Î R T
Z F Ó Q Ç N L E T R O È P É E E
Ñ X D H I P Ç W B J Í É W R N S
Î D A N Z A Y W S A A A F U T O
Ç Ý Ö Ü N I E B L A T Z Á Ý E R
E X O Z E N C I M A B A Ç Ñ Î O
Y S Í C Ñ H Ï A T Î Î X R G Á D
```

## #266

- [ ] PLANTAR ÁRBOLES
- [ ] HOMO ERECTUS
- [ ] SÍLEX
- [ ] HUECO
- [ ] PRECARIEDAD
- [ ] HUARACHE
- [ ] AUTOBÚS
- [ ] BIPARTIDISMO
- [ ] ELEFANTE
- [ ] SACO
- [ ] ATMÓSFERA
- [ ] AUTO
- [ ] GRATITUD
- [ ] MUÑECAS
- [ ] AZAFRÁN

```
H O M O E R E C T U S À G L W S
P B I P A R T I D I S M O D È Ö
L W J A Ï Î Y X Ó Ý A O P Ý I P
A M U Ñ E C A S I Ü Z A P A V D
N Ó A T M Ó S F E R A Ï R U Ç Í
T Y J Í Y À W Y E Ú F G E T Q Á
A Z G S È Ý U H É E R Á C O Ï I
R A R K Í P Ü Ö U L Á F A B H Í
Á F A C Ü L Ó Ö Ý E N Ü R Ú U G
R H T A Y Ü E U Ü F C Ñ I S A D
B M I V M X K X È A Y O E À R S
O K T Y Í C È L O N Í Ï D Y A B
L M U D P O S C X T V Ú A Ó C I
E G D Ï U L A Ö À E M É D W H H
S N Ü Q N S Ö Z A U T O D Z E B
T Ý C Ý R Ü É I E È Z F Ç Ç K Ç
```

## #267

- POZOLE
- BUFANDA
- ANAXÍMENES
- CIENCIA
- CISNE
- CHUPÓN
- EDULCORANTE
- MALETAS
- BILLETE
- DESNUTRICIÓN
- PARTICIPIO
- HIJA
- KRYPTÓN
- ALPISTLE
- DEBAJO

```
S E D U L C O R A N T E M À R K
P Ç È K U Ü P A R T I C I P I O
D B O Ï O L É U P Á Ü Í À Ü Ú Q
E Í U V Ï B T K O E Ï Á Ï P Ï X
B B I C X W O L Z É Ö I Î B E Í
A I È Ñ I L X D O U Q R P X T Ý
J L A A Ó E B I L À C H U P Ó N
O L L C N I N U E W Ç Q Ü B Ý R
Ç E P Ó I A M C F K K Ý Ó R M J
É T I G P S X A I A R É H E T L
È E S Z U M N Í L A N Y Í G V E
Á K T O I A A E M E L D P É Y D
À N L D É J C Q Z E T I A T H F
Ç N E O I D V Z N Z N A R D Ó Á
S Î Q H R V R P É Î U E S T È N
J Í W È T X J Y P Í U W S U V N
```

## #268

- EXODONCIA
- ETIQUETA
- INFORMÁTICA
- FONÉTICA
- SOMBRA
- TURISTA
- GATO
- SIERRA
- HORMONAS
- DOCTOR
- OCÉANO
- NUEVO
- APOLO
- PEÓN
- ZINC

```
Í Ó X V F O N É T I C A S Ó R E
O Z E T I Q U E T A R X X W Î X
V I N F O R M Á T I C A Ü À Ö O
P Y E Ó É È F Î Ó R S Q T A Ç D
S E Z I N C K Ó Ö M I Y P Q N O
Q G Ó Ó Ç Î P M E H E Ö V N N N
E A A N U Ç Í C O W R P È A B C
D T T Ï E F R P R I R S É Y J I
È O N U E V O N M O A C S K W A
Ö M T B B Ü M E L A O A W Í D P
T U U C À A Y O R V N O R H O L
Ó O R À Á X P B Ó O Î M B À C À
Ý T I P H A M W M O Ú F B T T Î
È J S I U O B R À É M U G A O M
Y Ú T Ï S P O S L Y È S À X R K
V É A O R H M Z Á É Ú A Ç S R T
```

## #269

- AMBIENTE
- CAFÉ
- CHIHUAHUA
- NEFROLOGIA
- CÉLULAS
- DESPUÉS
- MAL
- TELEFÉRICO
- RUBOR
- FOTOGRAFÍA
- FUNDACIÓN
- AGRADABLE
- ACEITE
- MAKALU
- VELO

```
L À Ú Ö C H F D E S P U É S S Q
Á T N Á Ú Ö T U Ý Ó V Ö Ï Ö À Z
Ñ Ú Ñ E É È L S Z S X Z E Ï G E
À P S Ç F A A I C Ó U Ö Í Q C Î
Ý K É P K R G G O É R O E O Ý S
E Í L A F R O Ý R C L Y L W M Ú
Ö È M C M F U L E A Í U À À A T
T Y V H F B O B O V D Ó L O L E
P Ñ E I U A I T O G C A L A Ý L
W C Z H N C Ú E O R I E B L S E
Y X B U D E H Ç N G V A X L K F
G Ü B A A I C I B T R N È Ú E É
O A A H C T A K È E E A F N P R
Ñ M Ö U I E F A L S F C F V V I
W Ö T A Ó S É U C X Z Ç L Í C C
B Ç B P N Ñ G V V Ý S È U G A O
```

## #270

- UVA
- PORTABEBÉ
- KIWI
- DUODENO
- AVIÓN
- BANDEJA
- COSTILLAS
- FOTÓN
- LONA
- CADERA
- TAMGO
- ARCHIVO
- PAÑALERO
- TORTUGA
- CARDOS

```
Ï E Z I L X Ï Ö C J P À V G Á H
Í Î G T Î K É K Í È Ú Ñ A É Î X
B Í Y Ï U R T O R T U G A H Ç D
Ý Á Ö G Î Ó S G L J T D L Ç È È
L G È À C I À Q R Q M U O V B P
Y È Ó K I W I P Z U D O N À A O
A P O C C P C A J V M D A B N X
R S O Ï P O A A V A Ý E T S D U
F R Ü R A È S Ñ D I Ó N Á Ñ E Ï
Z O T T T R T T A E Ó O P Ç J B
Ö C T A M A C Ü I L R N À Á A R
N A Ó Ó M I B H Y L E A P È U Ö
Ú R A K N G Ú E I Í L R Ü Ý Ó I
B D I O H I O J B V Z A O A H B
Ü Ö Í E U Q P M Ý É O C S É A N
V S X Ý W C P J A Ü Y Ï X Q K J
```

Page 136

## #271

- COMPLEXIÓN
- PUNTO
- SABER
- EJES
- PASTO
- TABLA
- ANTE
- BAJISTA
- PRONTO
- BARILOCHE
- TORRE
- TANTO
- ALUMINIO
- GAVIOTA
- EMINENCIAS

```
Ó C G M À P T G A V I O T A C Ú
H G K À É S R S Í I Ó X È V X T
V Ü Q T E S A B E R Ö F A Ý I J
E W H J Á Ú B A J I S T A Q E É
M Y E P X D Í U I O Ï Ü Z H N H
I X Ï Ü A T E L C V Á O C Ç Ú J
N U Z T Y S Q C P Ö T O P R À Ï
E K Ü Ö A U T Y Ï N L Î G O Y Ý
N F L N À B Q O O I L Î T U S Z
C Á A Ó O Ç L R R Ï B N I V A G
I K N A Ü N P A F G U J K R Ó Î
A R T Î U Ç B Í P P T Ü Y Ï B Ý
S P E T Ú Ï K Ü V S Ç Q V S X Ü
T A N T O T C O M P L E X I Ó N
P T O R R E Ï A L U M I N I O V
Î P E Í E T Ö V Ñ Ó B H Ú Ý O Á
```

## #272

- CONJUNTOS
- HOSPITALES
- LUNACIÓN
- DESDE
- ANACONDA
- CIRCULAR
- TOCATA
- ANGOLA
- SALVADO
- LEJOS
- FRUTERÍA
- XIMENA
- METÁTESIS
- CIRUGIA PLASTICA
- SALTAR LA CUERDA

```
È C I R U G I A P L A S T I C A
J S M A O U O O C I R C U L A R
L A G Z N È I I R A Ú J R Y Í Ö
Ó L Z U A A Ó P N R D T Î Ñ V W
É V Y K D J C E F U L I I W Ó Í
É A Z Ó D T M O É R S Ó Ç Ú Á I
Z D L Ü D I O E N O U U N C Î C
T O Ö B X E B C T D L T Ñ Ç Z I
O J I O N J S N A Á A Î E Ç R A
U Í T Á A Î U D I T T J W R C U
Ö C Á L E J O S E Ñ A E Q W Í J
X Z A A N G O L A I Ï C S È Ö A
Ó T V O È Ñ C Ö R V K A S I T L
Ý N C L U N A C I Ó N Ç Ñ H S À
U Ç Z Á A H O S P I T A L E S Ï
S S A L T A R L A C U E R D A Ö
```

## #273

- OPERANDO
- CUERVO
- RANAS
- BIGOTE
- MONTERIA
- CUANTO
- CÓDIGO MAESTRO
- SERPIENTE
- COTORRO
- TORMENTOSO
- TELEFONO
- CARDIOLOGIA
- BARRER
- AGLOMERADO
- LIBROS

| M | V | A | Ç | Ó | H | K | Ï | F | Ó | W | Ú | O | I | K | C |
|---|---|---|---|---|---|---|---|---|---|---|---|---|---|---|---|
| K | Î | Î | M | C | B | A | R | R | E | R | R | Y | Ü | H | Ó |
| H | Ï | A | Ú | W | Á | I | T | Ñ | S | R | Ý | D | O | F | J |
| G | P | G | L | L | S | R | X | E | O | C | A | Ñ | N | R | Ü |
| C | L | L | Q | T | E | Ó | Ö | T | L | E | À | Y | S | J | L |
| A | I | O | B | I | R | J | O | P | É | E | W | L | Ú | Ó | Ç |
| R | B | M | M | R | P | C | Ç | Ü | A | N | F | Ö | R | R | È |
| D | R | E | O | A | I | Q | B | S | P | Á | W | O | Q | Ú | O |
| I | O | R | N | N | E | I | I | È | F | N | L | Z | N | G | P |
| O | S | A | T | A | N | G | G | Ç | C | U | E | R | V | O | E |
| L | Ó | D | E | S | T | Ö | O | P | Q | J | G | G | P | Ú | R |
| O | Ö | O | R | Ó | E | C | T | Í | Ñ | U | E | A | Ó | F | A |
| G | Ó | B | I | L | Q | L | E | B | D | Á | E | À | U | T | N |
| I | Q | A | A | À | F | C | U | A | N | T | O | T | Ï | O | D |
| A | Ö | H | Ó | B | T | O | R | M | E | N | T | O | S | O | O |
| C | Ó | D | I | G | O | M | A | E | S | T | R | O | I | P | R |

## #274

- FILANTROPÍA
- ÍLEON
- JUNCAL
- AGUA
- GHANA
- PANTALONES
- MENTÓN
- CUELLO
- ZAPATERÍA
- LANGOSTA
- LLANTAS
- PORIFEROS
- ERITROCITOS
- LUNA
- ABIÓTICO

| Ñ | Q | O | Ó | F | I | L | A | N | T | R | O | P | Í | A | Ó |
|---|---|---|---|---|---|---|---|---|---|---|---|---|---|---|---|
| D | C | U | Ç | Ö | Ü | A | Y | Y | J | K | É | Z | R | K | Ï |
| O | H | X | Ü | Ö | J | L | A | H | C | U | T | B | À | W | S |
| U | Ý | Í | O | H | A | T | L | Á | O | Î | N | H | Î | N | H |
| J | P | B | D | E | S | V | C | A | Ü | Q | M | C | Î | X | C |
| D | A | E | L | O | R | Ç | W | G | N | Y | Ç | R | A | È | Y |
| Ö | N | X | G | À | M | Ó | K | Ü | H | T | Q | H | A | L | L |
| I | T | N | G | I | E | H | Ú | A | A | A | W | B | P | C |
| À | A | V | S | L | N | M | É | U | S | Í | N | S | I | O | U |
| L | L | K | G | U | T | H | G | Ú | R | Ó | L | A | Ó | R | E |
| C | O | Q | Z | N | Ó | A | E | E | Y | È | J | N | T | I | L |
| È | N | S | X | A | N | B | T | È | M | N | D | V | I | F | L |
| Ö | E | Ï | O | Q | P | A | P | L | O | Ñ | Ü | L | C | E | O |
| F | S | V | N | Ó | P | È | L | E | U | Q | É | W | O | R | M |
| S | D | È | F | A | Ï | J | L | I | Ç | A | Ç | E | È | O | U |
| Ñ | M | E | Z | Y | F | Í | Ç | J | L | B | X | D | Ý | S | W |

Page 138

# #275

- METÁLICO
- RÁBANO
- BAJO
- ORCA
- QUIRÓFANO
- PERSONAJES
- CREMA
- MAREA
- MANZANA
- DEMANDA
- MAREMOTO
- PITÓN
- ENFERMERA
- ADHESIVO
- ESTAÑO

```
K S C À K Y W E E T B D T Y Ü A
È R J W S G È L E I L A Ç Á À U
V K G Ö U Ï C À Ñ À Ö S J K Ç Ý
Ç X À È Ü R Ó Ý E H K D P O Ï P
K Q O O Q U I R Ó F A N O P K E
E M C R E M A F Ï Î E À Ö I S R
N E Q S P Ó Q V K U C T Ü T R S
F T P Y Ý T Z S O R U O Ñ Ó K O
E Á R M N V Z D U R Ñ R J N J N
R L Á W A V Q À E A C W F M Ç A
M I B L T N È M T M I A D O È J
E C A V É V Z S A L A X B F D E
R O N I Ó P E A H R M N Ö V W S
A M O M Q Ü Ö Í N T E Ñ D X S Í
R A D H E S I V O A È A M A N E
È W C Ñ À K Á M A R E M O T O Ü
```

# #276

- IMPLANTE
- PERONÉ
- TELAR
- TESIS
- SÍMBOLO
- BIBLIOTECA
- BOCA
- TERMITAS
- ALICATES
- MOTOR
- NEÓN
- MOTOCICLETA
- ACTO
- ESFINGE
- LISOSOMAS

```
Ç D E J M X I J T E Ç U R J Ö Z
Ö J L B E O I L G Ü C D F W Ñ C
H Y C I S N T R Í Ö G T É Ó M D
F X H B F E M O T O R O C Ö X Î
V À Ö L I Ó L S C I Î U Á Ç Á Î
W Á A I N N J T Í I F S É E L E
V Ö L O G C Ú T E M C E D M Y I
Ü Ç I T E È M A E R B L Ú È Á M
A Q C E L C C B A S M O E X È P
A C A C Y O B L M P I I L T Ú L
J J T A B È E È D E V S T O A A
O C E O A T Ñ M U R E Ñ Ï A P N
L I S O S O M A S O Î Í O A S T
É M V J Ü Y M N C N V Ö X X Z E
O K Ç J C F P B H É T N R W X Ö
A Ý S Î R T Ü J Ç Ý B Ó Á Á P J
```

## #277

- [ ] INTERNET
- [ ] CONDIMENTO
- [ ] RESPETO
- [ ] SAN RAFAEL
- [ ] ATORNILLADOR
- [ ] SEDIMENTO
- [ ] FRUTAS
- [ ] EUFORIA
- [ ] TELEVISIÓN
- [ ] ALTAR
- [ ] FLORA
- [ ] MUJER
- [ ] COLLAR
- [ ] IMPERIALISMO
- [ ] GENEROSIDAD

```
R G E N E R O S I D A D É U U K
R S E D I M E N T O L F Ï Ý Q K
À X O Ü X Ï T F H Q F Á L K M W
T C F M M I M Ú U K R Ï A O D X
X E U U Q Ú Z R R È U C T C R Q
K U L J Ó X S A C U T F O S S A
U F È E Ö Y L C X F A E R Î A Z
G O R R V L G Ï M I S I N X N P
S R R E O I Ñ L V H N I Ý R H
R I Ü C S Î S N J Î T T L Ñ A F
F A Ö À Ï P S I É A H E L D F O
Y G T È C G E À Ó L W R A K A O
H Ç H À F Í J T B N Ý N D F E T
A L T A R Î L Í O Á É E O M L E
S E Ú Z L Z Ç G I G Ó T R O E E
R N Ï C O N D I M E N T O C I Í
```

## #278

- [ ] NUEVO LAREDO
- [ ] BLUSA
- [ ] LIBRERÍA
- [ ] ALMANAQUE
- [ ] AMÍGDALA
- [ ] PRIMO
- [ ] AMATISTA
- [ ] ELEVADOR
- [ ] IMPRESORA
- [ ] DIENTES
- [ ] ISÓBARO
- [ ] HELICÓPTERO
- [ ] MITAD
- [ ] MATEMÁTICAS
- [ ] PLASTILINA

```
T Z O V M Ï Ñ W Í Z R O Ï L J Á
Ö U V Y À H E L I C Ó P T E R O
Á T À A M A T I S T A Í Á Q Ï Ý
N G A L M A N A Q U E G X T Ï Ó
U Á N L Q Ý Z C Î X B L U S A R
E Í Î Ç Y Ó P U X F Ó U E H O Ñ
V I A C D Y R N Q F M T Z A Ï R
O M S Ç W Ý I Z Á O N N N Ñ O U
L P L R Ö D M M R E É I Ö D B F
A R I U Ñ N O A I H L Ç A E E T
R E B Ç L T B D Ö I P V F I Á I
E S R Ö R Ó E À T D E Ñ Ñ K G E
D O E F S Ï C S A L C P C Ö Z Y
O R R I V F A T E Ó M X E D É P
K A Í T Ü L I A M Í G D A L A A
H N A F P M A T E M Á T I C A S
```

Page 140

## #279

- ALLÍ
- ESCASEZ
- BANDA MUSICAL
- CLAVEL
- BOMBERO
- MIENTRAS
- CONDICIÓN
- LUNA
- EUROPA
- PAYASO
- EXCEPTO
- HIERRO
- CORDELIA
- ARROZ
- CAFÉ

```
Z F J Ú L Ñ C O N D I C I Ó N O
Ç I P A Y A S O Z Í A Ö Ü Ï È É
G I T B R W M D E S C A S E Z O
H C O R D E L I A G L T Z P È É
V Ñ Á W Z F E Ü L E E Ñ Ó B R Z
Ç Z Ñ Ç À R Ó U V U O B F U Q R
Ó Ú E Ö Î Ñ Ó A R B N W N P E C
B N O À U Á L X V O I A U B Á H
Z M W Ñ G C M M X M P Ó N A Ö I
E X C E P T O T P B Q A Ñ R Ï E
W U P B Ö C H Î Ñ E Í Á À R H R
M I E N T R A S A R M A D O Ï R
Ñ Ï A Ó Ü Ï J F È O Q Ú L Z Z O
A C Ý É W Ú O Y É I V D Ç L F J
Y P B A N D A M U S I C A L Í A
Ç P Z I C U Î Ï I È Ñ Ó X Y S Y
```

## #280

- CHIMPANCÉ
- ESTRECHO
- PROTEO
- ADARVE
- VESTIDO
- CHURRASCO
- CASIA
- AVALANCHA
- POCO
- LOCIÓN
- FRUTAS
- ICA
- PRÍNCIPE
- PLÁTANO
- AVENA

```
Ñ E Ó Î Z N N Ú P S B T P Y É À
P M M O Ö Ï P Ñ Q Ï L Ï K W N Ú
F R U T A S R Ï O A Q N V Î E Í
C Ü O Ö Ú G Í H C Á V A A W Q S
H P V Q X Ñ N I À Q Ï S Ý L T Ñ
I L S D Á À C A I V E S T I D O
M Á Á P Á Í I S V Î Ö Í V J Q Ñ
P T B R P É P Y E A Ü N T B Ú
A A Ú O Ï O E Z W S L Y B H Î Ý
N N M T L I C Í Á M T A Ç O U E
C O W E O Á W O R A E R N Ü B Q
É L Í O C A S I A V T Ú E C N V
Ü I U X I R R E R E Î F K C H E
R M Z T Ó Ï I A A V E N A D H A
F R T F N Ý D Ç V Ý Q È T E Y O
T W Y Ï I A C C H U R R A S C O
```

Page 141

- ☐ CARRERA
- ☐ TRÁILER
- ☐ VENTOSO
- ☐ SINTAXIS
- ☐ ENSENADA
- ☐ LETRAS
- ☐ GRIS
- ☐ INVERSOR
- ☐ FAMILIA
- ☐ HERBÍVOROS
- ☐ ACELERADOR
- ☐ MALESTAR
- ☐ ESPONJA
- ☐ TARJETA
- ☐ APOLO

#281

| Í | Y | Ç | X | Y | J | Ú | P | S | O | Ñ | Z | Ö | Ý | Ü | Ý |
|---|---|---|---|---|---|---|---|---|---|---|---|---|---|---|---|
| O | L | Ú | J | W | Ú | N | G | L | J | U | A | Ü | Í | M | H |
| Ö | Y | A | Ú | F | K | T | O | Ñ | C | L | D | Ï | L | Z | N |
| Ç | Ö | S | T | O | A | P | G | Ý | M | W | À | Í | Á | Q | E |
| Q | Z | Q | C | B | A | M | G | V | N | Ç | G | É | À | L | Q |
| A | D | I | O | V | I | T | I | F | E | Z | V | T | Ý | Á | N |
| C | Ö | H | K | G | N | S | R | L | T | N | G | R | I | S | Ú |
| E | E | E | M | U | V | G | A | Á | I | A | T | Ï | H | F | Ï |
| L | N | R | A | M | E | E | Y | C | I | A | R | O | Ü | È | D |
| E | S | B | L | Ö | R | S | T | A | Ï | L | J | J | S | Ú | J |
| R | E | Í | E | G | S | P | Z | R | A | L | E | Z | E | O | Ö |
| A | N | V | S | Î | O | O | C | R | E | E | E | R | I | T | P |
| D | A | O | T | X | R | N | T | E | L | N | H | T | Í | F | A |
| O | D | R | A | P | Ï | J | V | R | H | A | C | Ý | R | L | Q |
| R | A | O | R | Ü | I | A | Ñ | A | Q | E | U | Ö | C | A | D |
| Ý | I | S | I | N | T | A | X | I | S | T | Z | U | B | B | S |

- ☐ VARISTOR
- ☐ BALUARTE
- ☐ MODERACIÓN
- ☐ ZACATECAS
- ☐ RIVAL
- ☐ SATÉLITE
- ☐ JUNO
- ☐ ARAÑAS
- ☐ NERVIOS
- ☐ ADAGGIO
- ☐ ESPEJOS
- ☐ ALEMÁN
- ☐ MANGUITO
- ☐ ACTOR
- ☐ APÓSTROFE

#282

| Ç | K | Ö | D | T | È | O | Ó | P | Ý | N | Y | I | R | Í | L |
|---|---|---|---|---|---|---|---|---|---|---|---|---|---|---|---|
| E | N | M | O | D | E | R | A | C | I | Ó | N | Ó | A | Í | X |
| K | E | Í | V | B | T | L | Ï | B | L | F | E | E | A | Ü | È |
| D | R | V | A | T | A | À | É | O | M | K | G | U | A | E | B |
| L | V | Ç | R | V | Ó | L | Ü | T | Î | H | M | L | T | O | W |
| È | I | C | I | Á | Ö | Ï | U | C | P | B | U | I | Z | Á | D |
| È | O | R | S | J | U | N | O | A | Q | Y | L | Ö | A | Á | A |
| A | S | H | T | B | W | R | Í | A | R | É | M | V | C | Ý | P |
| Ó | C | M | O | D | A | P | S | R | T | T | N | É | A | E | Ó |
| É | Z | T | R | C | È | J | S | A | Á | Q | E | B | T | S | S |
| D | Ï | Ö | O | Ü | D | N | S | Ñ | U | M | P | L | E | P | T |
| H | T | I | U | R | Á | Z | V | A | G | T | Í | C | C | E | R |
| A | P | D | V | M | S | È | Á | S | A | G | J | P | A | J | O |
| É | Á | S | E | E | È | S | A | D | A | G | G | I | O | S | O | F |
| O | V | L | N | D | P | S | Ï | X | O | P | Í | U | V | S | E |
| V | A | Î | S | D | Y | M | D | M | A | N | G | U | I | T | O |

## #283

- [ ] EVENTO
- [ ] ÁREA
- [ ] CASETÓN
- [ ] OFERTA
- [ ] PATADITAS
- [ ] FERIA
- [ ] DISIPADOR
- [ ] SECO
- [ ] BORRASCA
- [ ] DIVIDENDO
- [ ] DRAGO
- [ ] FOXTROT
- [ ] MOSCAS
- [ ] BOSQUE
- [ ] GODOS

```
Ñ Q R è O S Ý D X W Ó J R G Î H
L Ý X O J F N Î P Á Ï H À X Z B
Ü É D Ö Ü Y E Ö S Î Ú I J B Ö C
Z Í Z R Z N G R E V E N T O D D
C Z E V A F O X T R O T D S I Ú
Ï Z N A Y G Á W N A Ý Ú I Q S K
Y C Ö Î Q Z O Ó E A B Í V U I P
Z T Ï C P Ú T R Ó V O È I E P A
X V Z U Q E Á É P Ý R Ý D È A T
V M F Ú S O F Ó C G R Ý E K D A
T N O A B S G Á R E A È N E O D
Ï G C S U F E O È R S I D A R I
Ü S È Á C È E C D V C D O Ú Á T
Ö H B À J A Ñ R O O A Y U P G A
X H R Ü E N S Ó I G S Ç É C E S
Z Á X Ç A Î J G A A G G K T À C
```

## #284

- [ ] AZAR
- [ ] BLANDO
- [ ] TRAJE
- [ ] ESCOFINA
- [ ] SURICATA
- [ ] GANGLIOS
- [ ] JAPONESES
- [ ] REÍR
- [ ] CAPRICORNIO
- [ ] ALTEZA
- [ ] GRANIZADA
- [ ] ARTRÓPODOS
- [ ] CERA
- [ ] RED
- [ ] DEDOS

```
Ý È P Y É Q Ö À Á A A D E D O S
W G Í S G A N G L I O S Q O V Á
À G E E Z Í R É I T S A B U Á G
J R S Ú Ç Ñ Ü Á L Ç T A R Ú Y A
K A C Q R Ý A L Ú A Z Z Á O A Ñ
F N O D Á E K M C J M A S É R C
R I F L T À D I Ü D R R Y Ö T Í
I Z I Î O F R K A X E B R P R Í
À A N Ó C U Á R P Í Í L C Z Ó Ü
S D A C S Í E G M À R A Z T P A
Í A L F Ñ C E Ü N Ú D N À P O Í
Á É T E N A Í G I C Ý D Ú A D V
H K E F A O Ö C W Ï K O Î T O Ï
Ï É Z Ú Ý V O Á É T R A J E S C
A À A Ó C Ö È J A P O N E S E S
Ñ À C A P R I C O R N I O Á N H
```

## #285

- MUEBLES
- MANIJA
- GALLO PINTO
- GRAFFITI
- GUERRERA
- VIENTO
- NUBE ERUPTIVA
- VILLANCICOS
- COSTA
- CONTRABAJO
- JUSTICIA
- VIDA
- HIPOCAMPO
- POMADA
- AFORO

```
I O L V I L L A N C I C O S X Z
Z H I K W F F S O C P U I M Z L
N H I P O C A M P O O F F A C C
N G V C D L P W T J M P I N F O
U A U G A J C G L B A U X I F N
B L V C U M Q Z R Z D F I J H T
E L R I I E E B F A A P U A E R
E O J Y E F R G N I F A M G A A
R P V N A N T R G M A F J D N B
U I G H F T T H E I U S I E W A
P N R E O K E O C R P V Y T S J
T T M A R C S I N Z A Y I K I O
I O U G O H T M U E B L E S S C
V I G B L S K T A C O S T A Y Y
A Y I X U K O B N V O J J Z A M
W Q B J C W W O F P E W D S D M
```

## #286

- AGRADO
- SALTAMONTES
- SILURO
- AÚN
- ABOCARDADO
- TRÁQUEA
- ALEVÍN
- VÍBORA
- CANTONÉS
- JESÚS
- CRUEL
- ESPEJO
- PEDALES
- UNIVERSO
- ALGEBRAICA

```
O N V B W À V S J L G È T O S O
E H V L K M B Ö O Y J G W E E B
S Ï Q D O C U Z Ó Ñ F E T K È I
P T A M M Ý Ñ Ç U Z L N S Ñ X P
E C L A S K Î J G E O U R Ú P E
J A G B B W Z A U M Z Ñ I À S D
O N E S Q O E R A L E V Í N A A
È T B È I Î C T H Ï Í R Ç E T L
T O R B T L L A N B Í W U À À E
T N A Ç Z A U Ú R O Ú Q B Q L S
G É I H S S A R D D Á L R R Z Ö
Ú S C H X I O A O R A Ç N A B É
Ó Ç A O Ö L R Ý Ñ D D É Î I Ï
Á X Y P E G S Ý J È I U O V N Á
È W E B A W À H U N I V E R S O
G A F W R Q Í B Ç È V Í B O R A
```

Page 144

## #287

- [ ] PULPO
- [ ] VIOLONCHELO
- [ ] ABAJO
- [ ] HORMIGÓN
- [ ] ATRÁS
- [ ] BUENOS AIRES
- [ ] VENUS
- [ ] LINFA
- [ ] MISAL
- [ ] OJAL
- [ ] PAUPERISMO
- [ ] APOSTAR
- [ ] ACRÍLICO
- [ ] CROMO
- [ ] PREFACIO

| S | V | X | H | Á | P | A | U | P | E | R | I | S | M | O | Ü |
| Q | Ç | Ñ | Y | Q | V | I | O | L | O | N | C | H | E | L | O |
| A | É | A | T | R | Á | S | À | C | R | L | Ö | Í | Y | W | N |
| A | B | A | J | O | A | É | I | D | Y | G | X | U | Ü | H | B |
| B | Y | J | H | É | M | L | L | I | N | F | A | E | X | B | X |
| U | K | É | J | A | Í | T | N | Î | C | Ö | O | R | O | Z | Í |
| E | T | Ï | I | R | P | U | E | Í | É | Ç | Y | Z | Ö | G | O |
| N | H | R | C | Ö | C | Ú | R | M | I | S | A | L | E | C | R |
| O | O | A | G | Ç | R | À | È | B | Î | W | G | U | O | O | Ó |
| S | R | P | A | P | O | S | T | A | R | S | À | D | I | C | Ý |
| A | M | Î | O | O | M | S | Z | R | U | E | W | C | Ö | R | P |
| I | I | F | A | J | O | N | Y | N | L | Ç | A | E | Q | O | I |
| R | G | Ó | H | A | V | W | E | J | Ú | F | W | Î | V | Z | I |
| E | Ó | S | J | L | S | V | G | Á | E | P | U | L | P | O | Ï |
| S | N | Ö | V | Ö | È | F | Ç | R | S | Í | M | Ï | K | K | Ó |
| O | Ó | T | W | G | À | Q | P | B | G | B | T | È | Ú | N | Ü |

## #288

- [ ] PAPEL
- [ ] POMPIS
- [ ] PLUMERO
- [ ] ÁRBOL
- [ ] AURÍCULAS
- [ ] EL ESCORPIÓN
- [ ] BALEAR
- [ ] CALCULADORA
- [ ] ESTUDIO
- [ ] CARIES
- [ ] SIGNIFICADO
- [ ] MERCURIO
- [ ] ACENTO
- [ ] COMINO
- [ ] HINOJO

| W | I | Á | É | M | E | R | C | U | R | I | O | Q | V | V | Ü |
| V | X | X | Ü | G | Ñ | E | S | T | U | D | I | O | G | Í | P |
| E | S | C | A | L | C | U | L | A | D | O | R | A | D | M | Q |
| L | I | W | X | W | A | C | E | N | T | O | È | K | N | Z | Ú |
| E | G | Á | Q | N | T | È | Ó | W | Y | H | I | N | O | J | O |
| S | N | R | A | P | K | Ï | P | Ú | Ó | L | U | J | O | O | V |
| C | I | B | V | U | A | B | A | L | E | A | R | È | R | S | B |
| O | F | O | È | Ý | R | P | H | K | D | Ç | Í | E | Ï | Î | G |
| R | I | L | C | N | È | Í | E | Á | À | T | M | M | Z | R | O |
| P | C | O | Z | A | R | É | C | L | Ç | U | V | Ñ | B | N | Q |
| I | A | E | P | Á | R | C | E | U | L | Ó | X | L | I | Y | Y |
| Ó | D | I | Y | O | Í | I | W | P | L | Ö | Ñ | M | E | O | Ú |
| N | O | C | Z | S | M | È | E | T | I | A | O | F | Ö | E | À |
| Ï | B | D | Ö | Á | V | P | È | S | C | C | S | O | À | Ü | P |
| Y | Ñ | Ú | M | Ñ | O | Ñ | I | E | Ñ | Ó | B | C | M | C | H |
| X | C | J | Y | Q | Ï | U | L | S | S | V | J | B | G | F | É |

## #289

- ☐ TAMUL
- ☐ ILUSIÓN
- ☐ BRINCAR
- ☐ NIÁGARA
- ☐ CLIMA
- ☐ CINTURON
- ☐ ÁGATA
- ☐ RINES
- ☐ HERBÁCEO
- ☐ LÁPIZ
- ☐ LA BALANZA
- ☐ VENTILADOR
- ☐ FUNGIDIDA
- ☐ PERFORADORA
- ☐ CONOCIMIENTO

```
Ï S C O N O C I M I E N T O Ö X
B Ó B P Î P X N I Á G A R A W Z
F Ñ V R L U V Á G A T A À O È A
C H U F I A E I U W Î I Z G R V
Ú I E Q U N B È Î L É H F O N E
U E À R Ú N C A Q È Y S D R Í N
H Á C H B Ñ G A L D N A Z R O T
W U N I À Á M I R A R T A I T I
Ú P B S N D C Ó D O N M E N H L
Ý P Á Á T T J E F I I Z Q E Á A
L Y V À A Y U R O L D F A S M D
Ó Á U F M Ý E R C X Q A É B É O
Y B P N U P R W O P D Á R Í E R
U Á X I L É Ç B A N J À T Ý À È
Ý T S Î Z Ó K Z U K U I X T Ú C
J W G M Y Z R I L U S I Ó N È W
```

## #290

- ☐ PERO
- ☐ ANDESITA
- ☐ ROMBO
- ☐ DOCTOR
- ☐ DADO
- ☐ BOLSA
- ☐ RAQUETA
- ☐ ANILLO
- ☐ ALMACÉN
- ☐ BULGARIA
- ☐ APTITUD
- ☐ EPÍFISIS
- ☐ ARADO
- ☐ ORUGAS
- ☐ PIÑATA

```
Ï Q P Ñ Ñ C C Î A Ö Á Ï Z I Ú Ü
Q M Z E Y Ñ A O H N È C J D A É
À D A R R W Y P Ñ I I V H W N B
Ó B Ó E Á O Á J T À È L K Ó D U
D E À F P D M È Y I C Í L Ç E L
C Ñ Ï Q Ç Í A B À Z T P Y O S G
N C L I Q V F D O N U U L J I A
Á C C Ç L O C I O X V R D Ï T R
Ý A B B D E R Ó S È Z A Ö Í A I
Ñ Ñ A O V O X U J I Ó Q H F Ç A
F Ñ A Ú L À C A G B S U R Ó S P
C W P I Î S D T R A Ö E M Ó S È
Ñ R À Ï Y L A Ó O A S T U P E I
L A L M A C É N Á R D A Y D W Î
H U B L R P I Ñ A T A O Ú Í Ó G
C I F U K F Í L Y C P Ç Ü L F Ó
```

Page 146

## #291

- [ ] HISTORIAS
- [ ] ALERO
- [ ] ACORDE
- [ ] ALBAHACA
- [ ] RUEDAS
- [ ] MEJLLAS
- [ ] GLORIETA
- [ ] DESBROZADORA
- [ ] VERDE
- [ ] REUNIÓN
- [ ] UNO
- [ ] PREPOSICIÓN
- [ ] RECICLAJE
- [ ] HORMIGÓN

## #292

- [ ] DELITO
- [ ] DELANTE
- [ ] ALREDEDOR
- [ ] ARBUSTIVO
- [ ] ESPEJO
- [ ] DISFRACES
- [ ] LAS HILANDERAS
- [ ] MITO
- [ ] BANCAS
- [ ] COLECCIÓN
- [ ] TRANSPORTE PÚBLICO
- [ ] CAMASTRO
- [ ] PEINE
- [ ] ARPEGIO
- [ ] PACHUCA

## #293

- [ ] AGUAMARINA
- [ ] PRECARIEDADES
- [ ] CITA
- [ ] SANGRE
- [ ] ARRANCA CEBOLLITAS
- [ ] VALIENTE
- [ ] MAJA DESNUDA
- [ ] CLERICALISMO
- [ ] FAROS
- [ ] ABORDAR
- [ ] LEÓN
- [ ] REINO
- [ ] ZUMO DE VERDURAS
- [ ] BÉLGICA
- [ ] MASETERO

```
A Ï M A S E T E R O T Á H D È H
C Ó P Q A G U A M A R I N A M A
G Z B Ï M F D É X Ç Ú À S E D É
N U Z T Á I X S L Ç J E R U Ü Á
F M Ç Ö T K O R C E D G N U P U
O O Ç K Ñ R C X W A N S S Ö M Í
N D L Í A Ü Ó Ñ D A E D K V Ú B
Z E Q F E N F E S D E A U A O B
N V Ç G Ó N I I A L C B A L O É
M E X E G R C J C À I O W I L L
S R L Ö A S A À Ç W T R L E Y G
L D Z C R M D T A Ö A D T N Ö I
T U E D S R E I N O B A È T J C
Ý R M Ó N Ü P Ü J Z É R V E U A
P A N I D Ü É Ü Q W E U Ý U Z C
T S Ú C L E R I C A L I S M O D
```

## #294

- [ ] VITAMINAS
- [ ] DECANTADOR
- [ ] COMBUSTIBLE
- [ ] FÚTBOL
- [ ] MAYER
- [ ] DEDAL
- [ ] LABIOS
- [ ] INTESTINO
- [ ] LA ISLA PROHIBIDA
- [ ] HIPOPOTAMO
- [ ] VOLAR
- [ ] ESCALA
- [ ] BUTACA
- [ ] CUADRANTE
- [ ] COLUMNAS

```
D L A I S L A P R O H I B I D A
W E I L Ú Á R C R Q I M W Q Ü L
G Ö D Ý A C O M B U S T I B L E
E Í E A D B V Ý Î È C À Ñ Ñ J Ó
M I S G L E I I Ö Ö Î C S D Ú
H N C M N C C O T I Ï Ý H V D Ó
S T A H K F U A S A P M Ö T T O
I E L I D I F A N M M Ú A Z F Ý
Ï S A P R Ö I Ú D T Ú I R Y B Á
B T Ç O K J J V T R A Ý N R E Î
G I P P P T B C O B A D Ú A Z R
Ü N Î O V E K Y V L O N O Ú S Á
R O Ï T M D Ü C A Ö A L T R A Y
N É Ú A À Ö Î Ï Î D V R Í E H Î
N R È M V T C O L U M N A S Q O
B T X O U S B U T A C A À B O Z
```

Page 148

## #295

- CUADRADO
- CORRIENTES
- AMOR
- ERUPCIÓN
- BROCAS
- SECUOYA GIGANTE
- LUCES
- RESTO
- CUANDO
- ANÁFORA
- MATE
- CHOCLO
- ECTODERMO
- GOTEO DE PECHO
- ORCA

```
Ý V G O T E O D E P E C H O À F
S E C U O Y A G I G A N T E B O
À T A Ç Ú Ñ X Ö C B R O C A S R
R E È M A Ü D Ñ H T I X R Y E C
F N Ú Í O N O V O X Ï V F T C A
Á E R G E R Á À C Ú B O A Y Ñ K
K R B Y C Ö C F L K D M P M Ý B
V U J L T K C P O N H O Í G À I
Y P X Ú O R É C A R T R G O B Ü
È C W Y D N Ç U U S A S K Ý G À
N I R F E Z C G E A È G Y Ú N É
Ñ Ó Á S R Ú R R Ü L D K E Ó Q O
N N Ç I M U D S Á Î U R V E X Î
Q Ï Ö É O V Í Ï È B Ü C A Q E Z
Á L W È V Ï Q G É Z Ó T E D Z Ï
T Z Y C O R R I E N T E S S O V
```

## #296

- RETINOPATÍA
- TRAQUITA
- PUEBLA
- PINTURA
- ENFRENTE
- RELÉ
- EMPACADORA
- SOLIDARIDAD
- LONDRES
- HUNOS
- HONOR
- COPA
- BICHERO
- ESPÁTULA
- DESALAR

```
Ý É Á Ç Á R L C V Ñ F C É I G Ö
B S R I V A B I C H E R O V Z S
Á P I N T U R A H G É T V È P O
E L O Ñ E G W S Á O T Ö P K U L
M J Ö E E X V L M F N Á R T E I
P G À Ó Á G F E O P V O B O B D
A Ý J E L P Ç S N N Í Ü R Ü L A
C Ç Q L C O P A D F D É K K A R
A Í F Y S J S À Í E R R V J U I
D Y F Ý Ñ O S A R F S E E Ö Î D
O L L N N E Ö Z E H W A N S S A
R R F U Ñ E B A L C È M L T E D
A K H À É Z T Á É É Ý À S A E É
J L Y R E T I N O P A T Í A R R
È D F Î O E S P Á T U L A X A Î
D Ö Ó I J T R A Q U I T A V C Ñ
```

## #297

- ☐ JUGUETERÍA
- ☐ UTOPÍA
- ☐ AVOCETA
- ☐ TACOS
- ☐ PRECLÁSICA
- ☐ COMEDIA
- ☐ ALERO
- ☐ APOYO
- ☐ CULTURA
- ☐ RETRATO
- ☐ FRENTE
- ☐ OFTALMOLOGÍA
- ☐ BALONCESTO
- ☐ DESIERTO
- ☐ ATRAPA EL SOMBRERO

```
G C U L T U R A Ú O B T T N Ó À
S U V J U G U E T E R Í A Ü Q J
A F R E N T E L Î U Ý F È Í H X
N Y Z F É O Ç È O T P M W Í Ç A
Î É À Ú R B Ö T O J A Ü Í É Í P
Ö Í H E P P A A C Z P B À G É R
Ç Ö L Á T R E L Ó K O Z O A D E
F A É F T Î K F O T Y L T X X C
X F B E P O Ó S R N O E É A A L
T É R A Y Î Ý E A M C À I I X Á
A Ý C Z I Î I Í L O L E D Ç U S
C H N Ç Î S P A V I X E S O Á I
O B À Z E O T A Ú Ñ M Ü V T Í C
S É À D T F N J Q O H C I Ñ O A
Q I Ü U O Ñ I A C D Y Î G X W Î
A T R A P A E L S O M B R E R O
```

## #298

- ☐ DESPUÉS
- ☐ INDEFINIDO
- ☐ SENDEROS
- ☐ TERMITA
- ☐ CONGA
- ☐ MAMPOSTERÍA
- ☐ RATÓN
- ☐ ESPOSA
- ☐ NOGALES
- ☐ NUTRIA
- ☐ JALISCO
- ☐ COMIDA
- ☐ PERSONA
- ☐ LÚNULA
- ☐ ANZUELO

```
L S Á N I N D E F I N I D O J R
Í U F U R Ó A M J L R W Í Z Ý Ü
I Ç N T W N Í L R W A S É N Í È
S F Ó R S Ú H L U D O Ý I W R J
Ú Ú À I M A Á X I R N V P A Z T
Î N Y A P E Z M E N Z W L R B D
V A O D Í N O D O Ç R A T Ó N E
J L A G Ñ C N Í C Y A L P M Y S
A Z Ú W A E B Q È S W Ç E A Ú P
L X Ü N S L J Í O Ç Ú C R N Î U
I J Í V U È E P A H D O S Z B É
S O P Ö I L S S Ö Ü Á N O U Í S
C F R S G E A M X Î V G N E Ó G
O T E R M I T A Í X R A A L É É
Ú G V Ç I E Ó V Ñ A Ö Ý Q O Ü I
J A M A M P O S T E R Í A Ï L A
```

## #299

- HELADA
- CÁMARA
- NACIÓN
- COMPASIÓN
- BETTA
- MÁS
- ALEGRÍA
- PARKOUR
- RENACIMIENTO
- SUSTRATO
- HIATO
- DIRECTOR
- NADAR
- ALTIPLANO
- ACEITE

```
L Z R S Í Ö E H Î W G C W Á Ï C
È O C S A Ü A U Á Î L K N R Ý W
U Ü F O U L E C P Ú Á Î A I Í
R D D Í M S E C E A U C D A Ç Í
E A W I N P T G Á I R É A Q F È
N M Á S R A A R R M T K R È Ü Í
A Ñ Ü A V E Ü S A Í A E O Q D H
C B X L Î H C X I T A R V U A É
I Y N T Ü I Q T N Ó O G A T R J
M H Ü I R A K S O A N X T Ú U Î
I Î E P S T J P Ü R C E Ç Ó K T
E F Ý L Ú O R É T F B I Y Ï S G
N É C A A Z Í J T O F Ó Ó X K O
T Ú J N Q D A S L P N Á É N T B
O W É O À X A Q Ñ É N K Á X T Ñ
Ç T Ó X Î R Ü Ñ À Í E Ü Î X X K
```

## #300

- CARPETA
- REINA
- SELVA
- MONOPOLIO
- SIFÓN
- FUNDAS DE LENTES
- ESCALDAR
- ZAPOPAN
- LEUCOCITO
- MICOLOGÍA
- PORQUE
- NÓMADA
- GAS
- CAPRINA
- PORTAOBJETOS

```
È Ó M I C O L O G Í A F É Ó P W
Ú A K È R E I N A P Á J D T Î L
G A S C R È B Z A P O P A N Á E
A À P Z Y B È E J F Í G Ç H L U
U K O J Z S X C P B B D S R Ñ C
K É R È M D Ý Î O Ö T Ó I Á V O
Ý E T S M Ç C C R C I D F W A C
È S A B O Á É T Q N A X Ó U Ý I
Ñ C O È N K F N U V Ó R N Ç M T
Ý A B D O É Î Á E À S M P U Í O
Ñ L J Ó P È C A P R I N A E S E
C D E L O L D A Ü A M M L D T L
P A T I L L Ï Ý V U E J K Z A A
C R O V I È D L N A E Ú J Ó Á Y
A Í S Ó O X E L Ñ S N O Ö À H A
F U N D A S D E L E N T E S À Z
```

#301

- [ ] DESIERTO
- [ ] HIGIENE
- [ ] NEVADA
- [ ] CLAVECÍN
- [ ] MICOLOGÍA
- [ ] GUANTES
- [ ] CASTILLOS
- [ ] DINOSAURIO
- [ ] TIMBAL
- [ ] RELOJ
- [ ] DENTINA
- [ ] CIENCIA

| F | C | V | C | A | S | T | I | L | L | O | S | R | Z | L | Q |
| C | G | Z | Ú | É | Î | L | C | T | À | L | Ý | R | Ü | L | Ü |
| Á | L | U | M | D | I | N | O | S | A | U | R | I | O | O | Í |
| Ö | X | A | A | Z | Ï | R | È | Ï | E | É | É | K | T | V | M |
| X | Q | B | V | N | L | W | E | Ó | H | É | V | R | I | T | J |
| J | W | A | Á | E | T | C | Ú | L | Ï | Ñ | E | Y | D | B | Î |
| X | Ú | K | Ç | Í | C | E | C | T | O | I | F | A | E | Í | Ü |
| F | C | H | R | O | W | Í | S | G | S | J | D | É | N | Î | H |
| G | X | I | Ö | R | I | Ï | N | E | J | A | U | T | T | G | S |
| G | Y | N | E | V | L | S | D | N | V | L | Ú | S | I | S | V |
| J | A | U | R | N | B | À | Y | E | A | W | O | É | N | L | L |
| X | Ç | V | Ñ | Ï | C | A | N | B | R | Î | Q | Ó | A | Q | Á |
| G | Ú | É | Q | A | E | I | M | H | I | G | I | E | N | E | È |
| Ú | S | Í | Ö | D | K | I | A | B | S | N | Q | Í | Î | C | È |
| Í | Ç | E | E | Á | T | Î | K | Í | M | B | R | Î | Ý | P | G |
| N | W | L | K | Ü | S | M | I | C | O | L | O | G | Í | A | N |

#1 - Solution

#2 - Solution

#3 - Solution

#4 - Solution

#5 - Solution

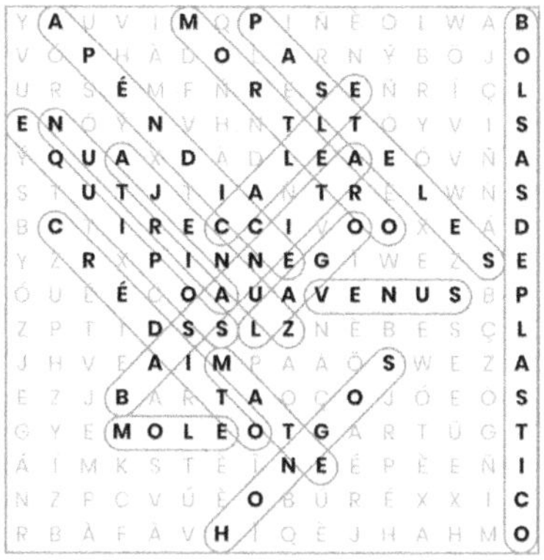

#6 - Solution

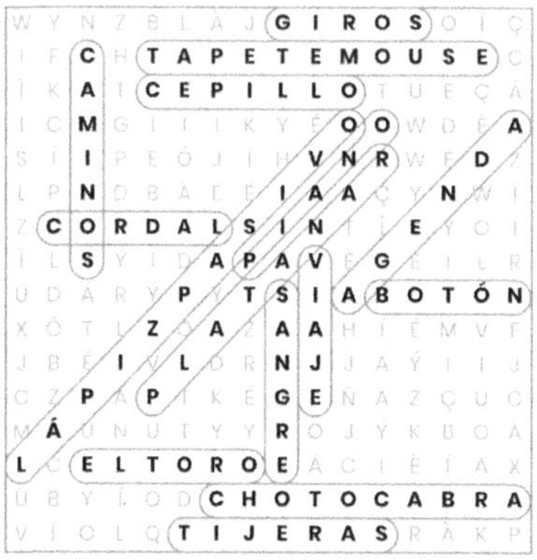

#7 - Solution

#8 - Solution

#9 - Solution

#10 - Solution

#11 - Solution

#12 - Solution

#13 - Solution

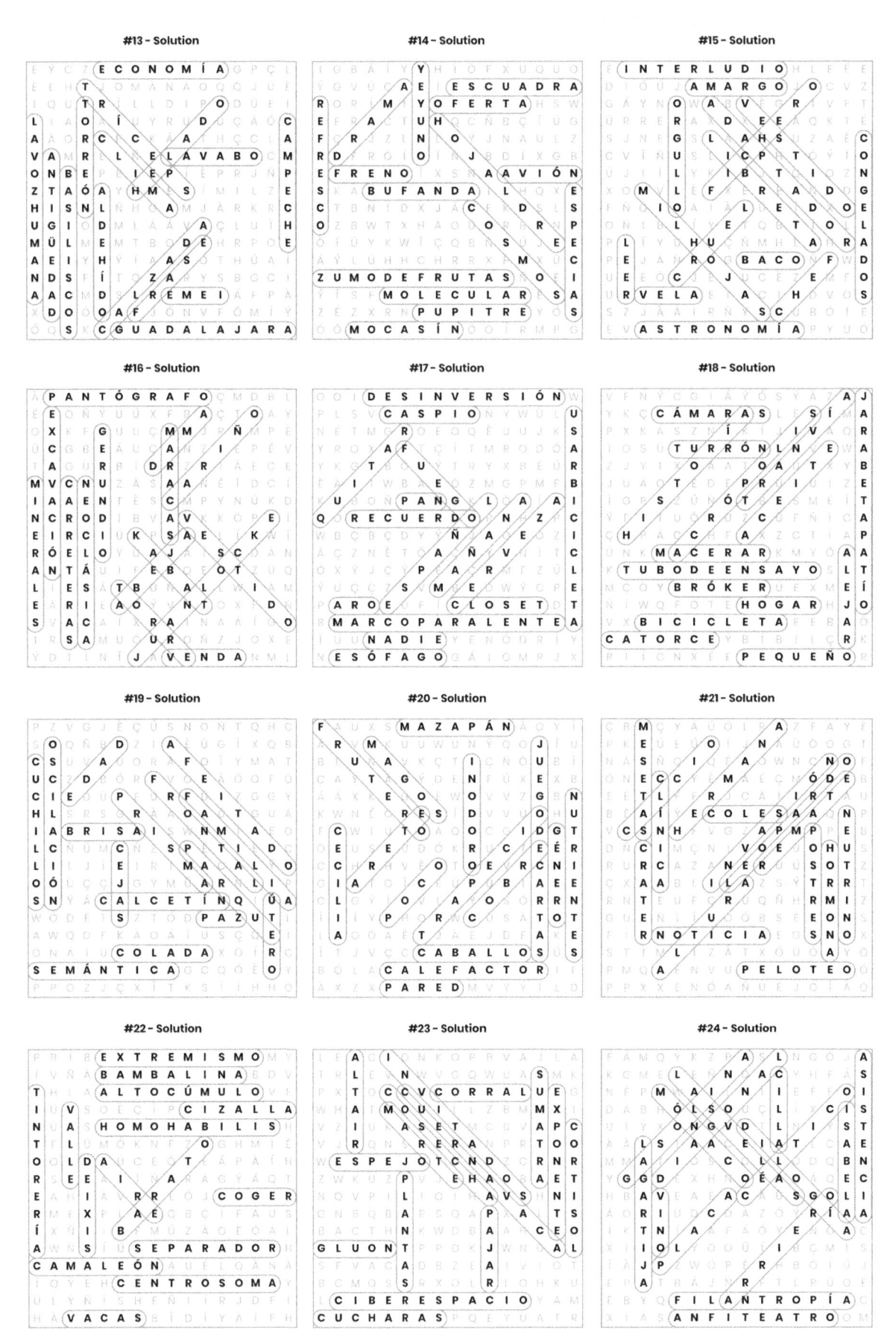

#14 - Solution

#15 - Solution

#16 - Solution

#17 - Solution

#18 - Solution

#19 - Solution

#20 - Solution

#21 - Solution

#22 - Solution

#23 - Solution

#24 - Solution

#25 - Solution

#26 - Solution

#27 - Solution

#28 - Solution

#29 - Solution

#30 - Solution

#31 - Solution

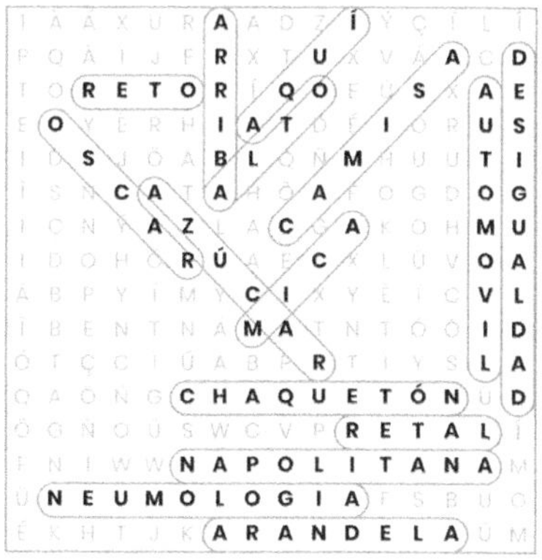

#32 - Solution

#33 - Solution

#34 - Solution

#35 - Solution

#36 - Solution

#37 - Solution     #38 - Solution     #39 - Solution

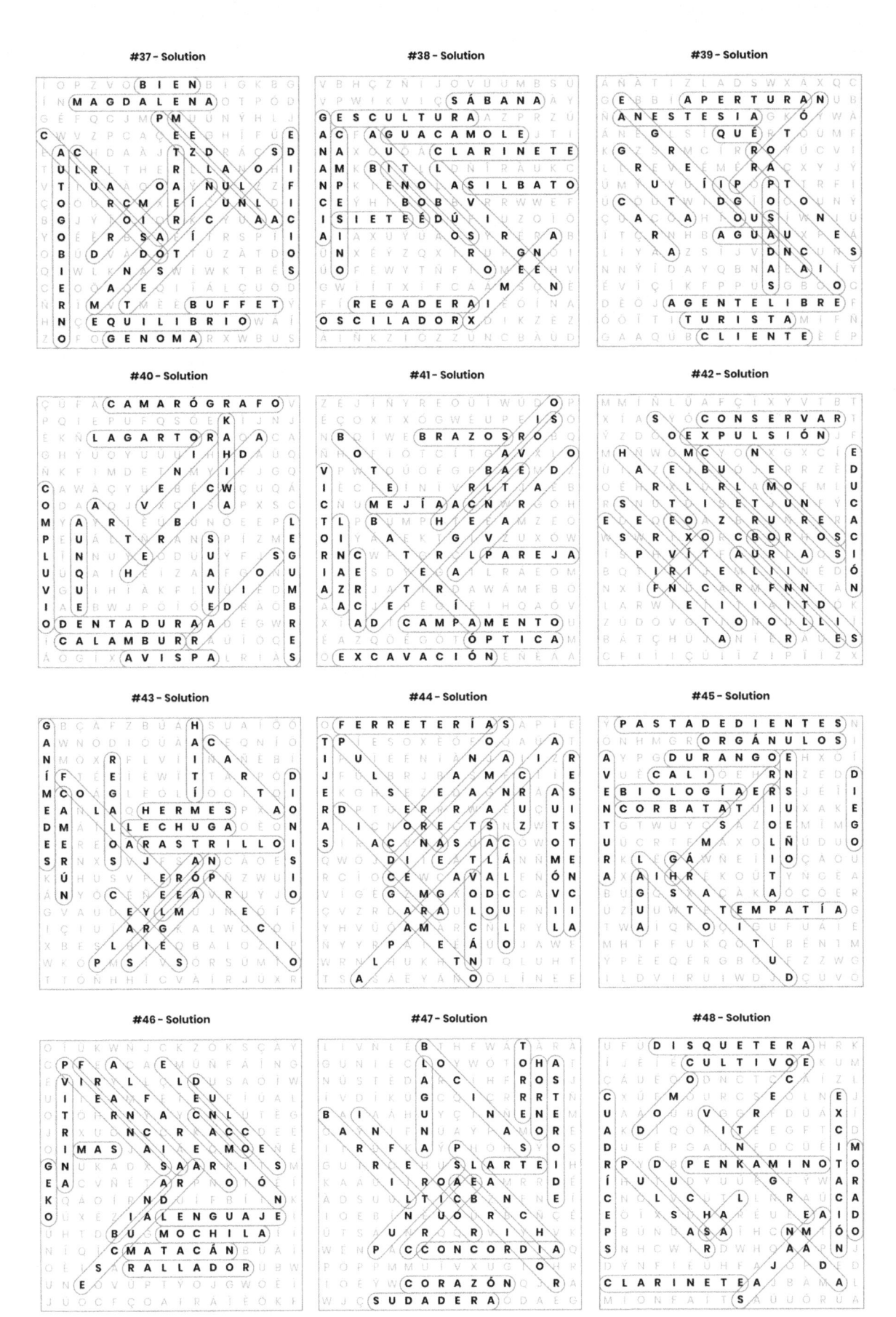

#40 - Solution     #41 - Solution     #42 - Solution

#43 - Solution     #44 - Solution     #45 - Solution

#46 - Solution     #47 - Solution     #48 - Solution

#49 - Solution

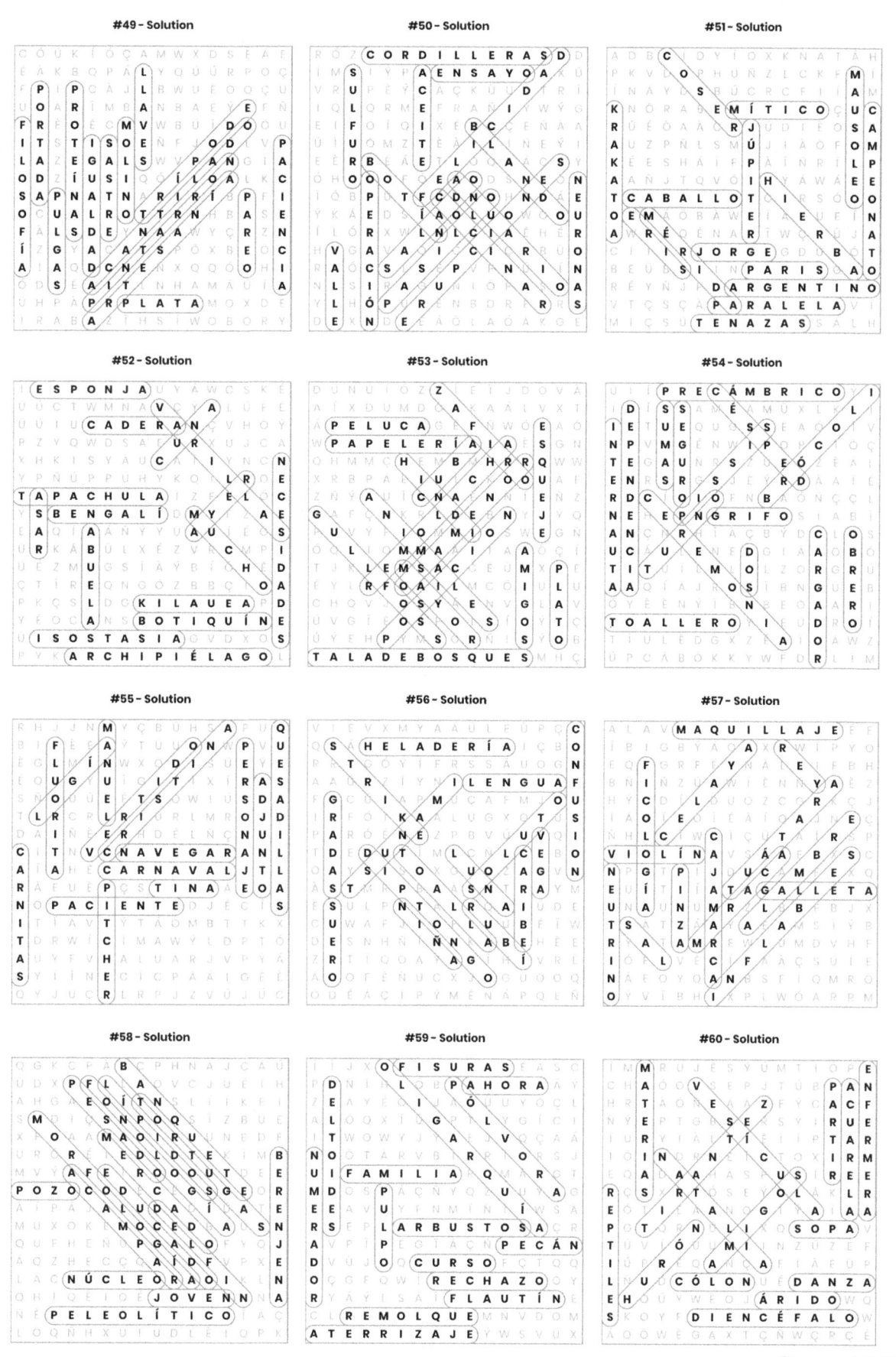

#50 - Solution

#51 - Solution

#52 - Solution

#53 - Solution

#54 - Solution

#55 - Solution

#56 - Solution

#57 - Solution

#58 - Solution

#59 - Solution

#60 - Solution

#61 - Solution

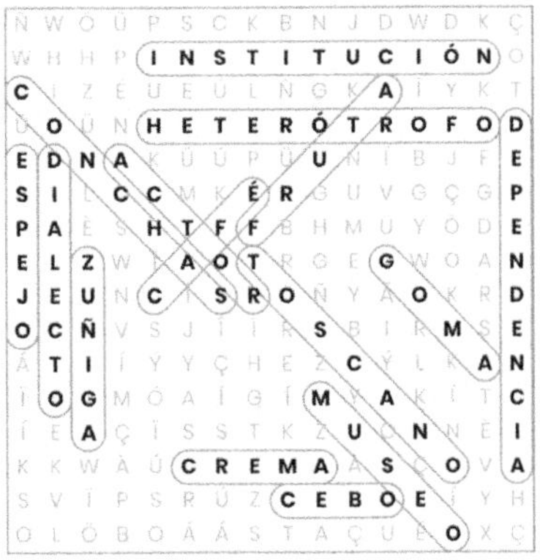

#62 - Solution

#63 - Solution

#64 - Solution

#65 - Solution

#66 - Solution

#67 - Solution

#68 - Solution

#69 - Solution

#70 - Solution

#71 - Solution

#72 - Solution

#73 - Solution

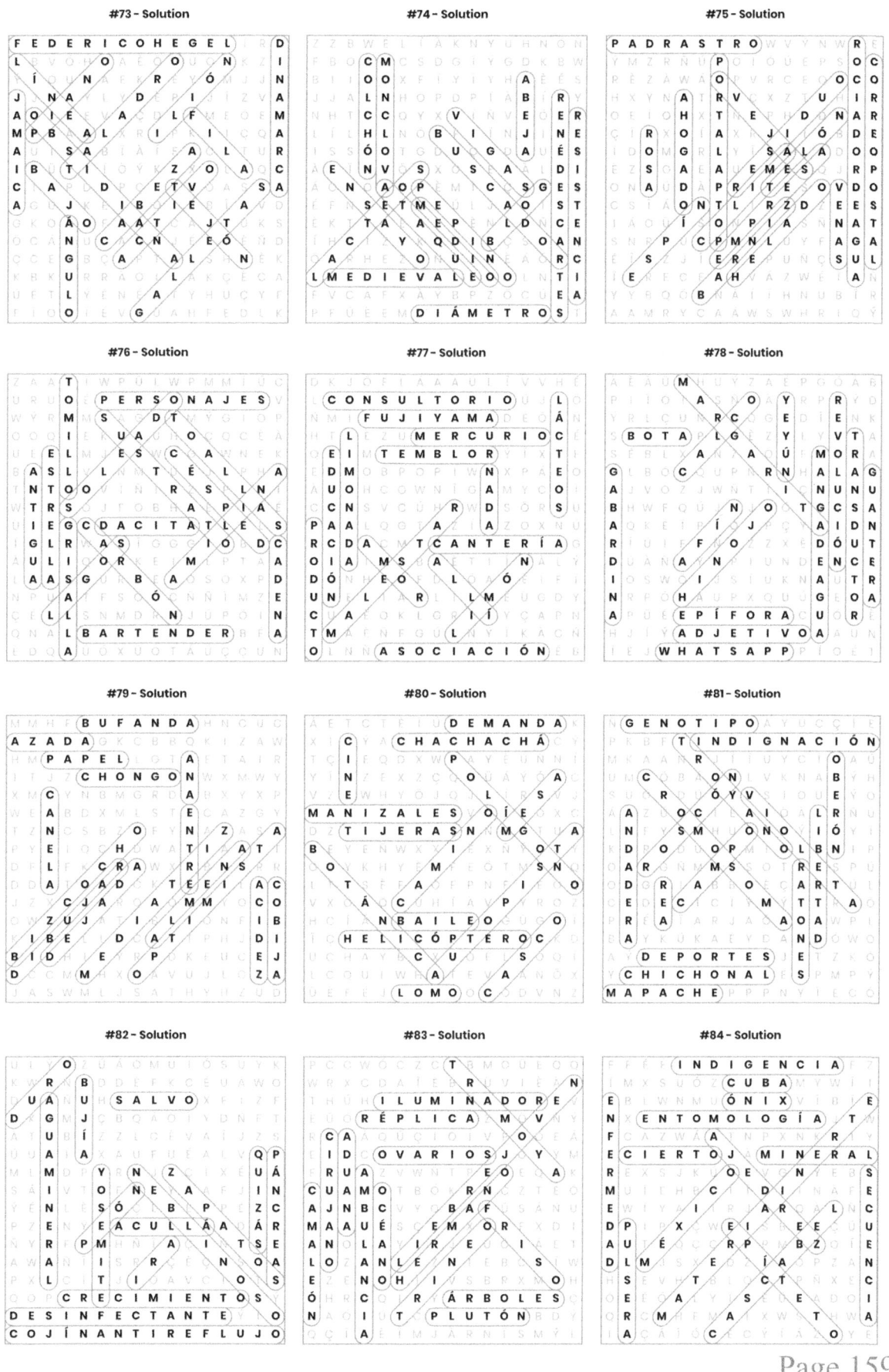

#74 - Solution

#75 - Solution

#76 - Solution

#77 - Solution

#78 - Solution

#79 - Solution

#80 - Solution

#81 - Solution

#82 - Solution

#83 - Solution

#84 - Solution

#85 - Solution

#86 - Solution

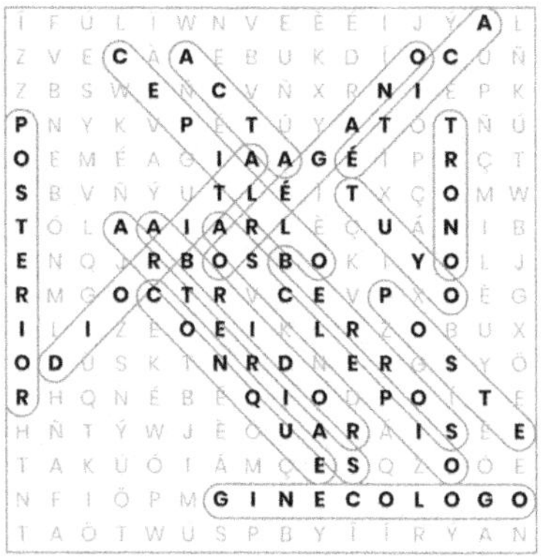

#87 - Solution

#88 - Solution

#89 - Solution

#90 - Solution

#91 - Solution

#92 - Solution

#93 - Solution

#94 - Solution

#95 - Solution

#96 - Solution

#97 - Solution

#98 - Solution

#99 - Solution

#100 - Solution

#101 - Solution

#102 - Solution

#103 - Solution

#104 - Solution

#105 - Solution

#106 - Solution

#107 - Solution

#108 - Solution

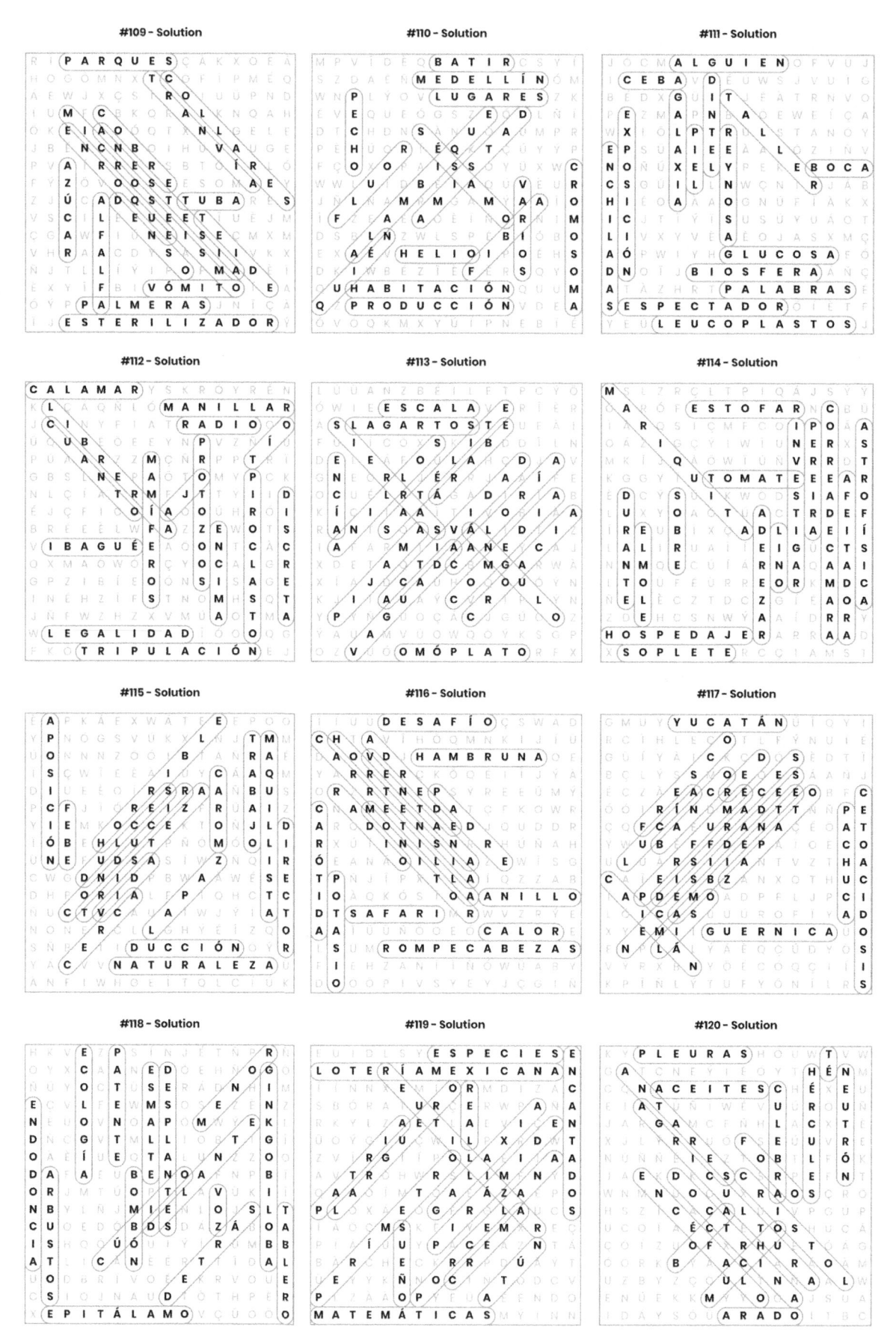

Page 162

#121 - Solution

#122 - Solution

#123 - Solution

#124 - Solution

#125 - Solution

#126 - Solution

#127 - Solution

#128 - Solution

#129 - Solution

#130 - Solution

#131 - Solution

#132 - Solution

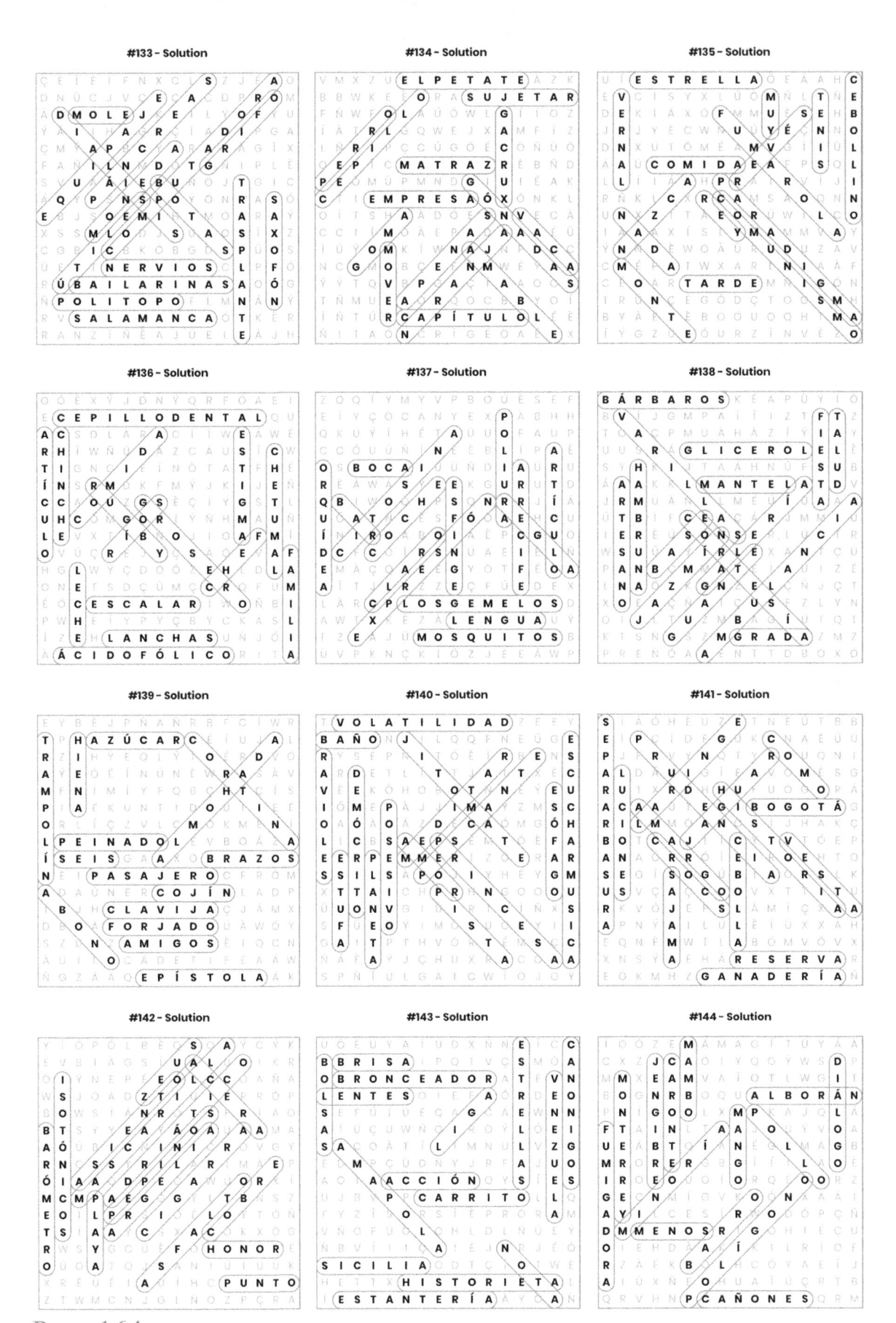

#133 - Solution
#134 - Solution
#135 - Solution
#136 - Solution
#137 - Solution
#138 - Solution
#139 - Solution
#140 - Solution
#141 - Solution
#142 - Solution
#143 - Solution
#144 - Solution

#### #145 - Solution

#### #146 - Solution

#### #147 - Solution

#### #148 - Solution

#### #149 - Solution

#### #150 - Solution

#### #151 - Solution

#### #152 - Solution

#### #153 - Solution

#### #154 - Solution

#### #155 - Solution

#### #156 - Solution

#157 - Solution  #158 - Solution  #159 - Solution

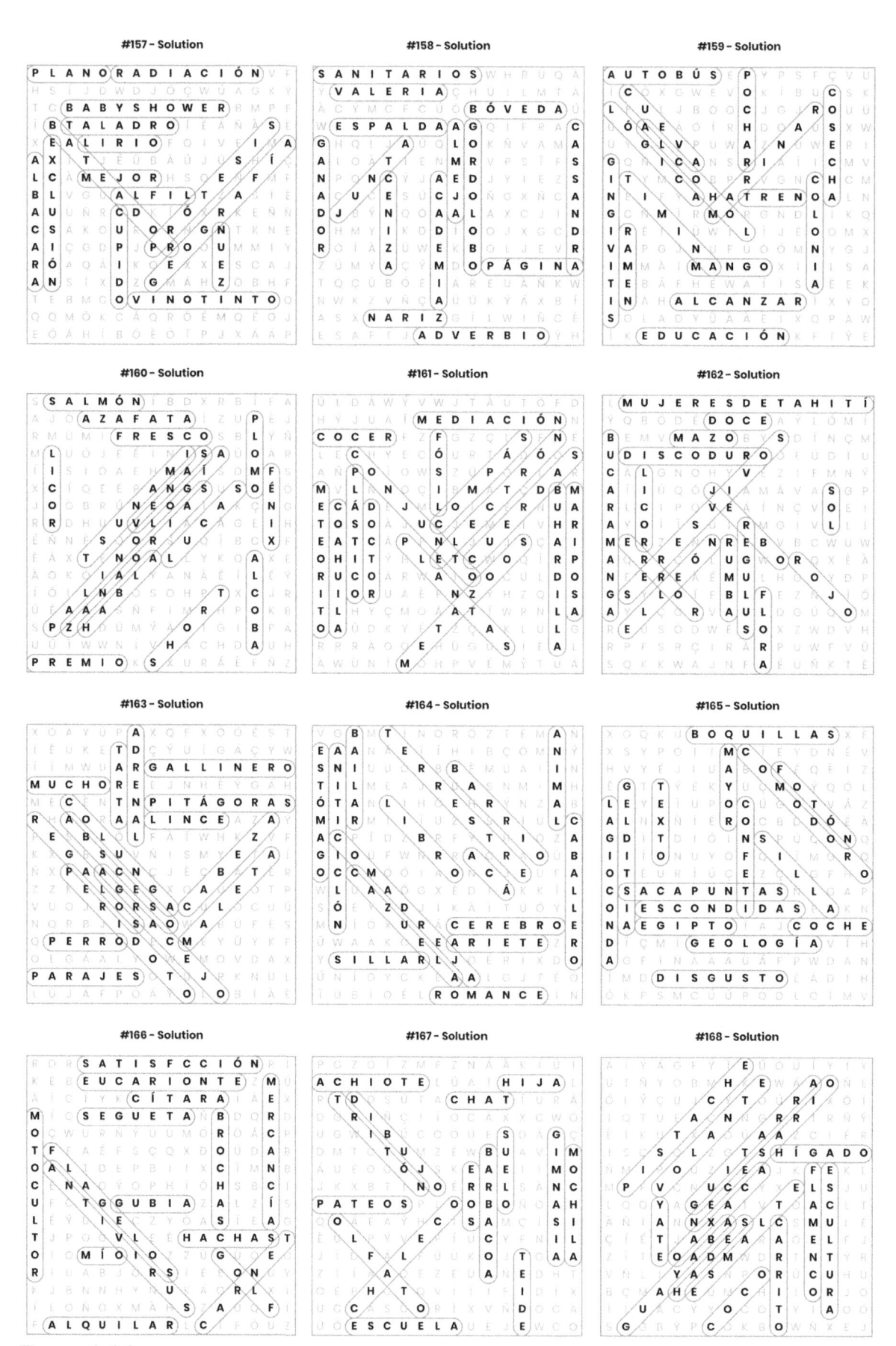

#160 - Solution  #161 - Solution  #162 - Solution

#163 - Solution  #164 - Solution  #165 - Solution

#166 - Solution  #167 - Solution  #168 - Solution

Page 166

#169 - Solution #170 - Solution #171 - Solution

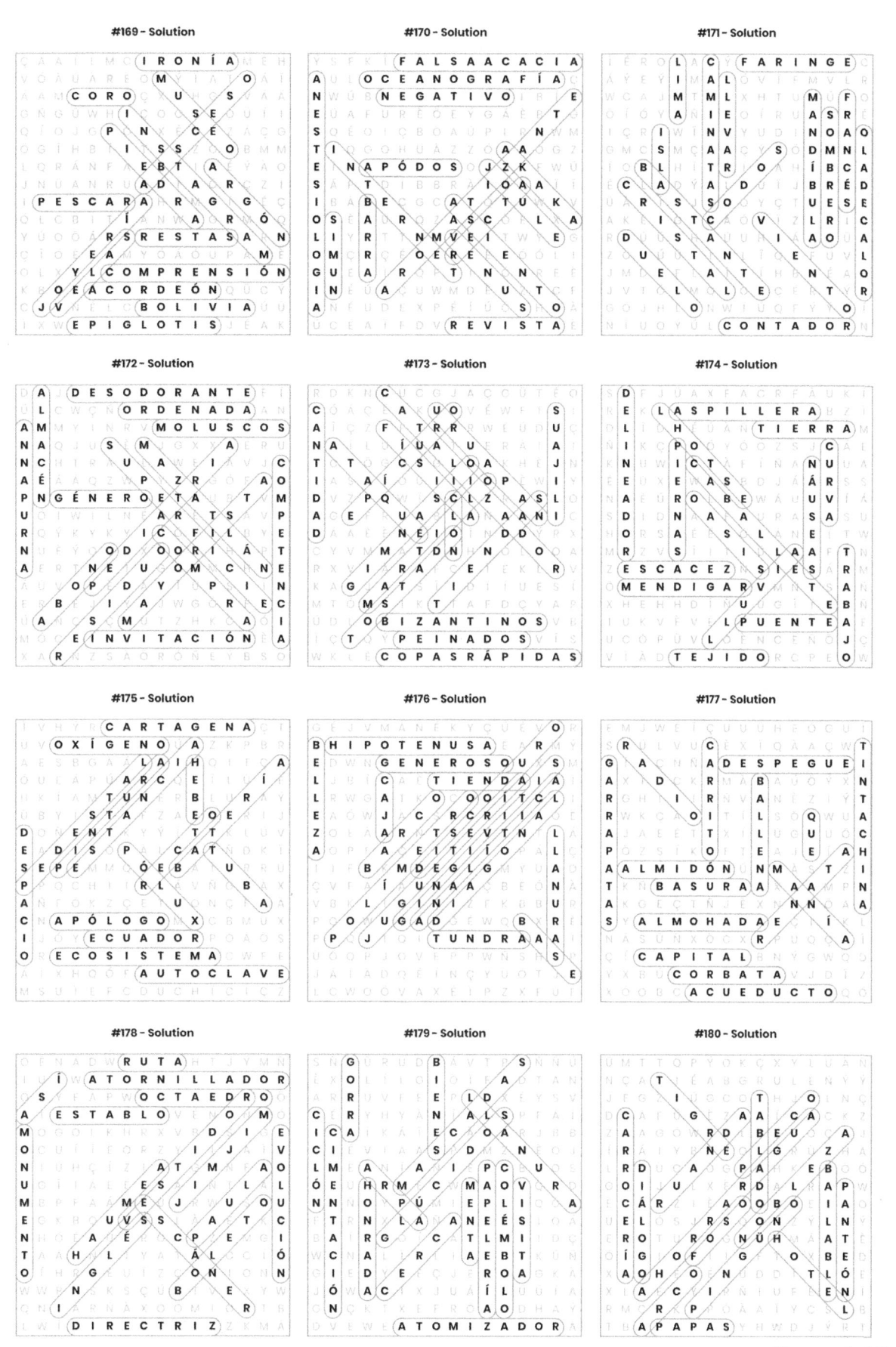

#172 - Solution #173 - Solution #174 - Solution

#175 - Solution #176 - Solution #177 - Solution

#178 - Solution #179 - Solution #180 - Solution

Page 167

#181 - Solution

#182 - Solution

#183 - Solution

#184 - Solution

#185 - Solution

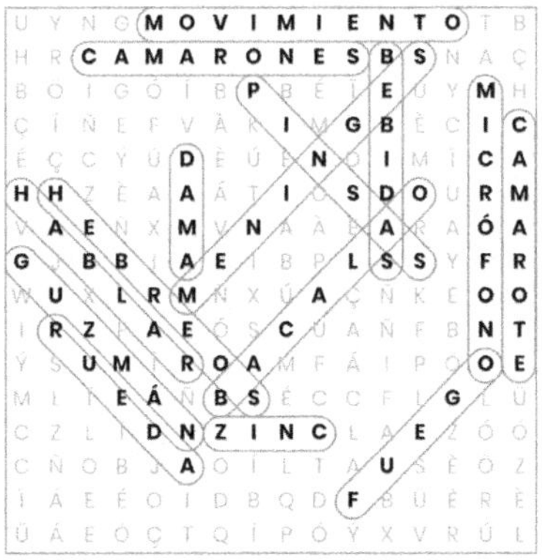

#186 - Solution

#187 - Solution

#188 - Solution

#189 - Solution

#190 - Solution

#191 - Solution

#192 - Solution

#193 - Solution

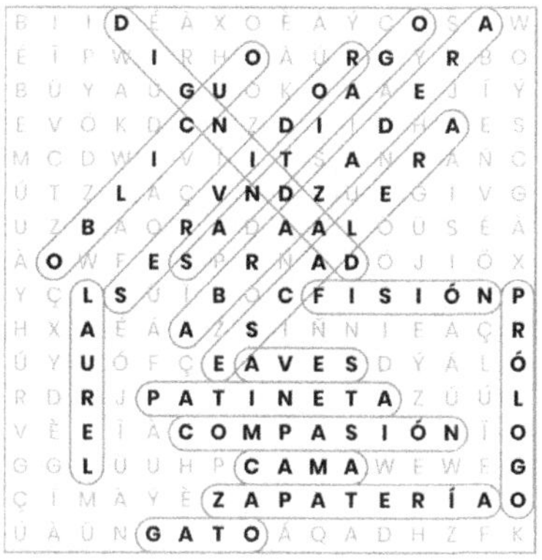

#194 - Solution

#195 - Solution

#196 - Solution

#197 - Solution

#198 - Solution

#199 - Solution

#200 - Solution

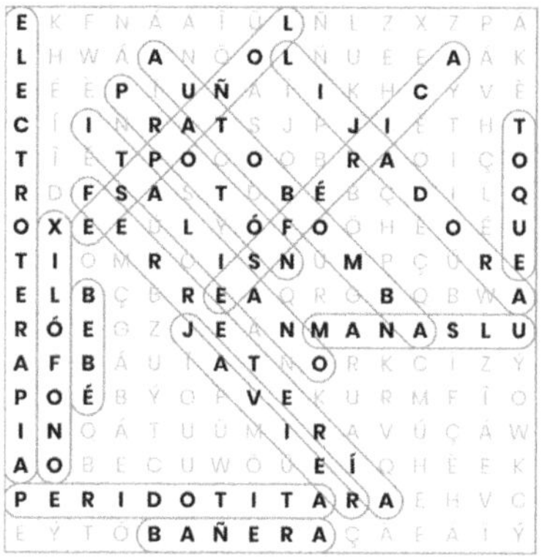

#201 - Solution

#202 - Solution

#203 - Solution

#204 - Solution

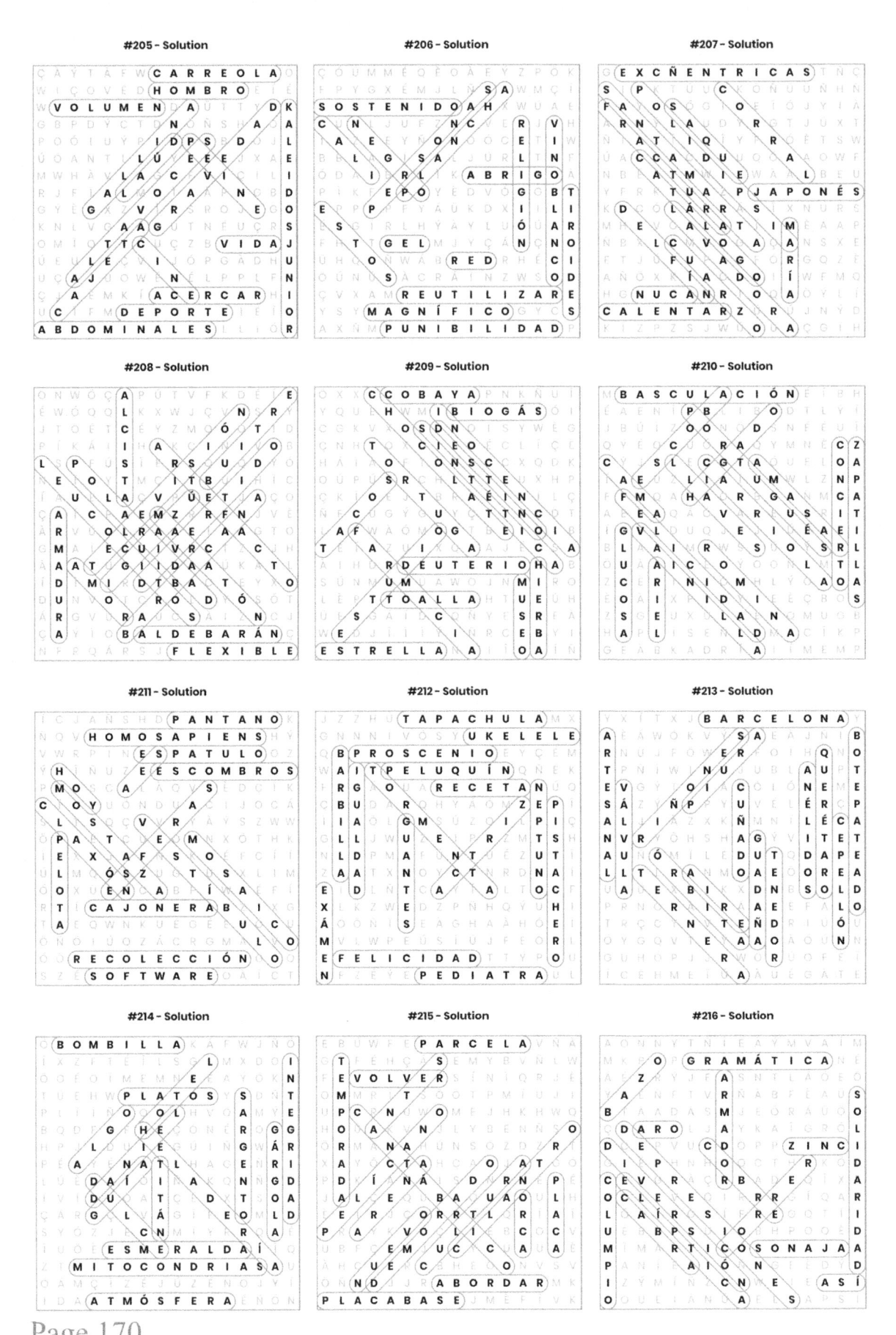

#205 - Solution
#206 - Solution
#207 - Solution
#208 - Solution
#209 - Solution
#210 - Solution
#211 - Solution
#212 - Solution
#213 - Solution
#214 - Solution
#215 - Solution
#216 - Solution

#217 - Solution

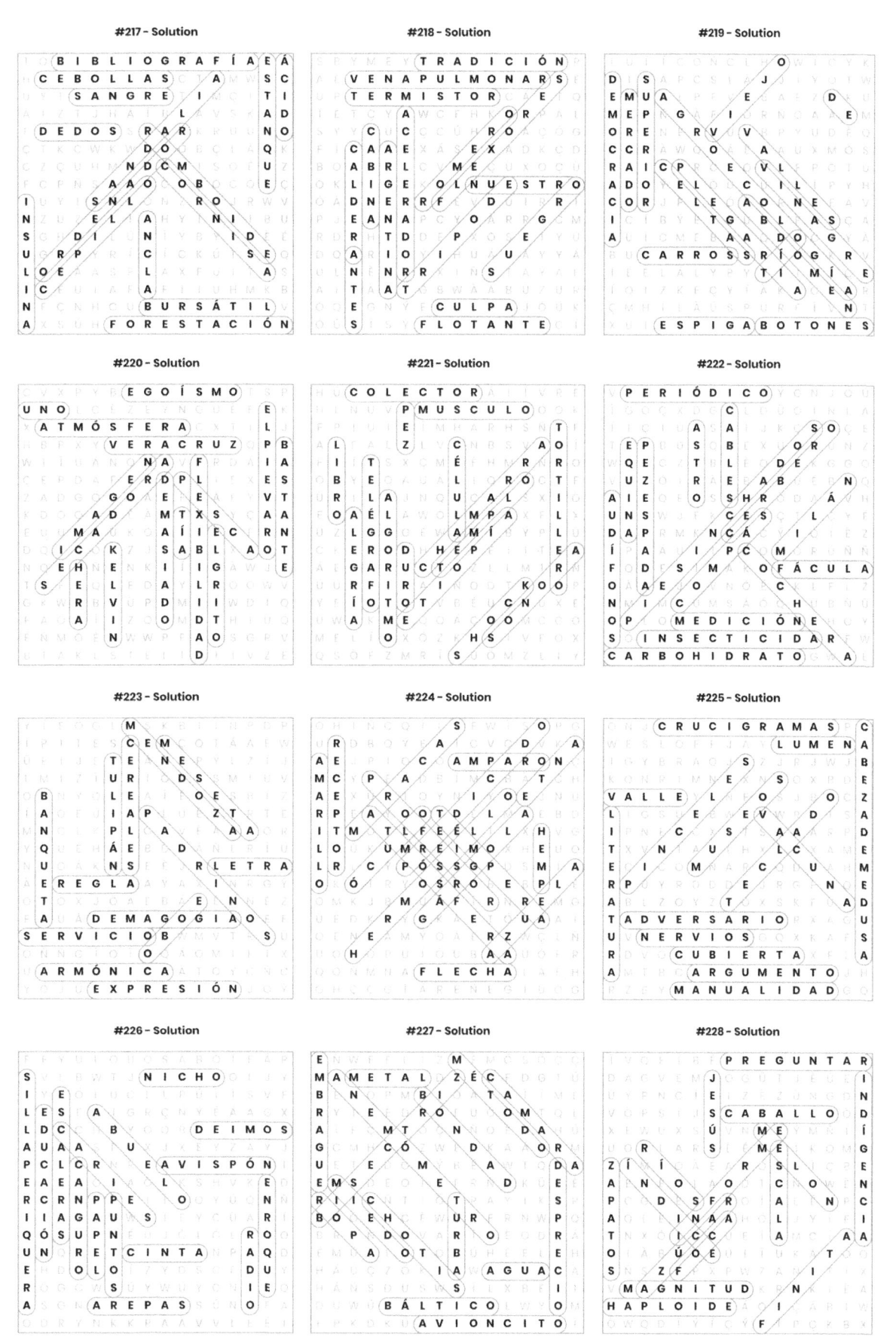

#218 - Solution

#219 - Solution

#220 - Solution

#221 - Solution

#222 - Solution

#223 - Solution

#224 - Solution

#225 - Solution

#226 - Solution

#227 - Solution

#228 - Solution

#253 - Solution

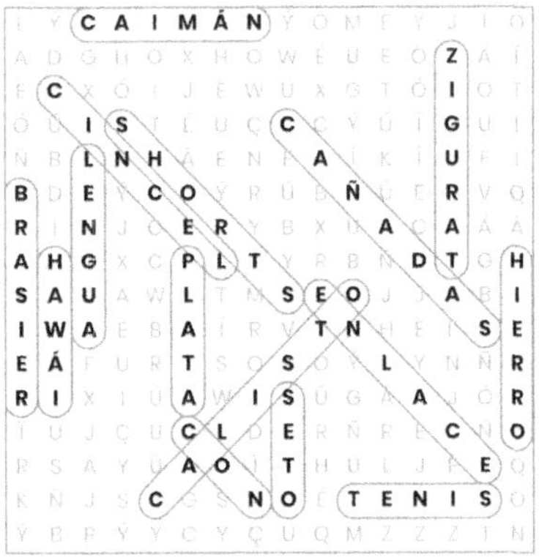

#254 - Solution

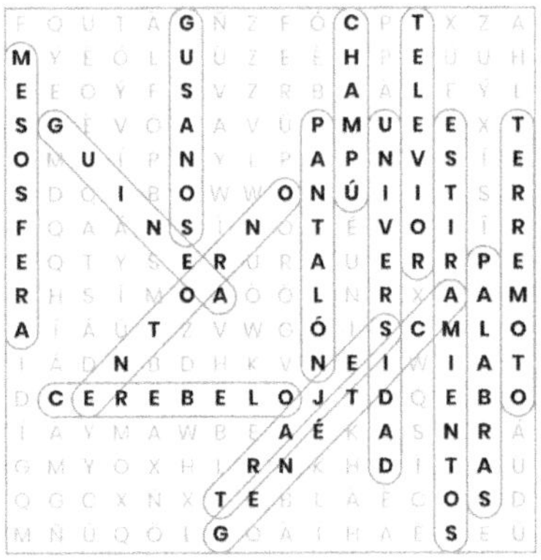

#255 - Solution

#256 - Solution

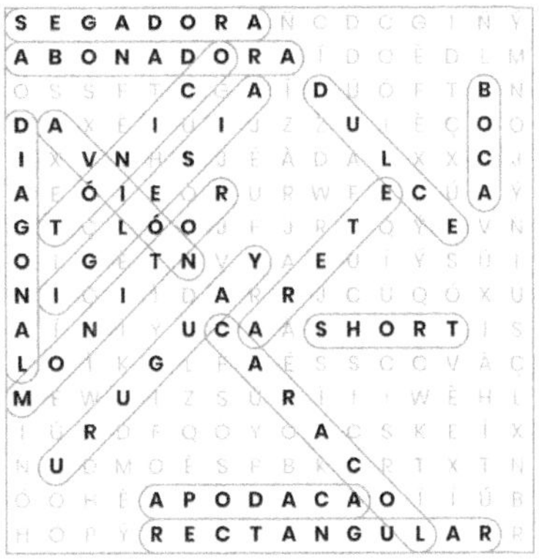

#257 - Solution

#258 - Solution

#259 - Solution

#260 - Solution

#261 - Solution

#262 - Solution

#263 - Solution

#264 - Solution

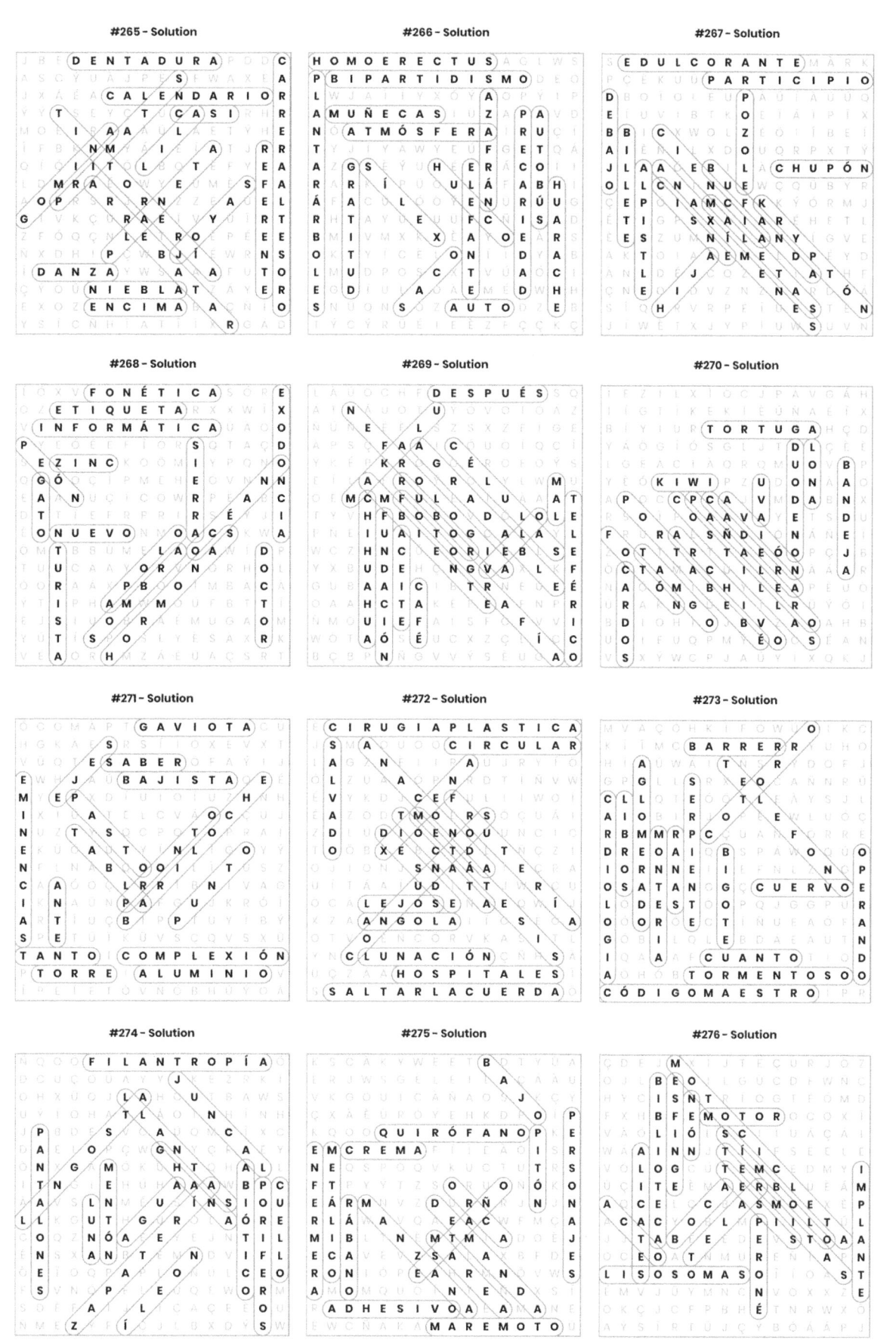

#265 - Solution
#266 - Solution
#267 - Solution
#268 - Solution
#269 - Solution
#270 - Solution
#271 - Solution
#272 - Solution
#273 - Solution
#274 - Solution
#275 - Solution
#276 - Solution

#277 - Solution

#278 - Solution

#279 - Solution

#280 - Solution

#281 - Solution

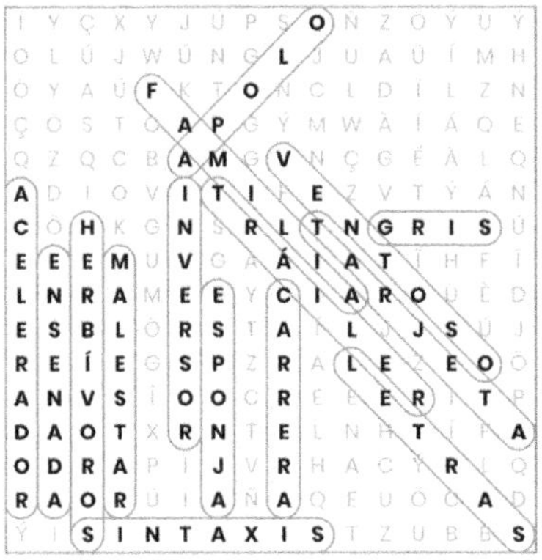

#282 - Solution

#283 - Solution

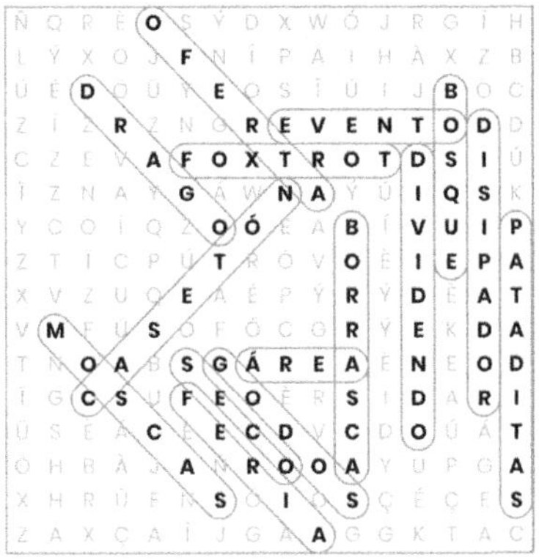

#284 - Solution

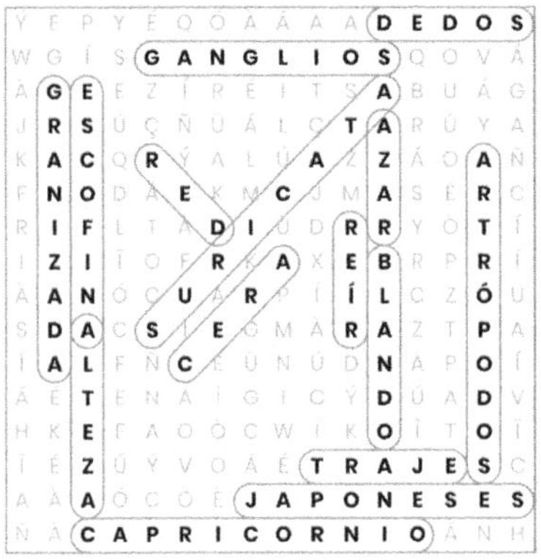

#285 - Solution

#286 - Solution

#287 - Solution

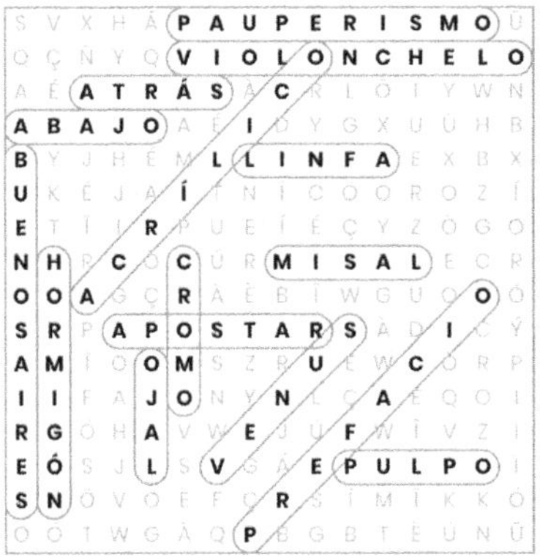

#288 - Solution

#289 - Solution

#290 - Solution

#291 - Solution

#292 - Solution

#293 - Solution

#294 - Solution

#295 - Solution

#296 - Solution

#297 - Solution

#298 - Solution

#299 - Solution

#300 - Solution

#301 - Solution

# Puzzle Favorites
www.PuzzleFavorites.com

ISBN: 978-1-947676-56-5

@puzzlefavorites

# ★ Join! ★

## The Puzzle Favorites Club

*Free Printable Puzzles*

*Coupons*

*Sneak Peeks*

*...and More!*

*Sign up now at...*
## www.PuzzleFavorites.com

**Follow Us:**

@puzzlefavorites

## ABOUT

Michelle Brubaker is the founder of Puzzle Favorites."

As an avid puzzle fan, she also created an entire product line of activity books enjoyed by puzzle enthusiasts around the world.

Please take a quick moment to review this book on Amazon.com and show your support for independent publishers!

★★★★★

**Learn How to Publish Your Own Puzzle and Activity Books!**

Introducing…. Self-Publishing Courses by Michelle Brubaker the creator and founder of Puzzle Favorites.

➡ Learn more at: www.MichelleBrubaker.com/publishing-courses

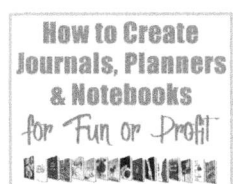

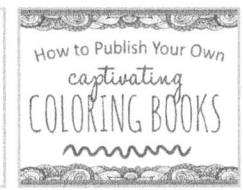

Made in the USA
Middletown, DE
05 January 2023